Questões da Adolescência

Tudo (ou quase tudo) que você precisa saber sobre a nova adolescencia...

Bruno Wallisson

Dedico este livro a minha enteada e ao meu filho, que um dia hão de chegar à adolescência e buscarão respostas para essas questões.

Agradeço primeiramente a Deus, pela graça concedida para ter chegado até aqui. Em segundo lugar a minha mãe, pelos ensinamentos oferecidos ao longo da vida e, por fim, a minha esposa pela paciência e apoio em todos os momentos.

ÍNDICE

INTRODUÇÃO

O tema adolescência tem sofrido constantes mudanças e adaptações ao longo dos anos. Isto ocorre devido as atualizações das novas tecnologias, os novos modelos de relação e conceitos de família, as mudanças de comportamentos, concepções e construtos sociais sobre quem nós somos.

Se pararmos para analisar, veremos que nunca houve tantas dúvidas a respeito da definição e construção da imagem dos adolescentes, visto que, tende a estar cada vez mais distinta, atualizando-se a cada momento. Ou seja, quando pensamos que compreendemos a adolescência, ela já passou e, logo, o adolescente tornou-se um adulto.

Por se tratar de uma fase de transição, muitas são as questões que surgem, tanto no imaginário dos pais, quanto no dos adolescentes. Dado isto, ocorre que, neste cenário, revigora-se a necessidade de considerar a adolescência como um processo sistêmico e fluído.

Para desespero de todos, as questões da adolescência - em grande parte do tempo - acontecem simultaneamente. Ou seja, se não estivermos atentos, um dia os nossos filhos dormirão crianças e acordarão adolescentes.

Temos sempre alguns jargões e clichês que rodeiam a adolescência, dentre os quais estão: "são todos rebeldes", "não querem nada com a vida", "são preguiçosos", "só querem saber dos amiguinhos e nada dos pais", "são sensíveis demais" e diversos outros.

Nos capítulos a seguir, iremos compreender estas e outras questões que podem ir muito além da sabedoria e/ou desconhecimento popular.

Já adianto que, a adolescência é uma fase de transição ou de mudança se preferir, quase que, invariavelmente, toda mudança gera um desconforto, um conflito ou como prefiro chamar: uma questão. Não gosto de usar o termo "problemas" ou "conflitos", opto por "questões".

Para cada questão temos uma resposta. E adivinhe; neste aspecto não existe resposta certa, apenas uma resposta provisória que irá se atualizar na velocidade que os adolescentes se desenvolvem.

Ao longo desta jornada, nas questões da nova adolescência, compartilharei com vocês algumas experiências clínicas, obtidas por intermédio do atendimento e orientação de pais e adolescentes em meu consultório e palestras.

Compilei ao longo dos capítulos às principais questões que surgiram nestas experiências e, agora, as compartilharei com você.

Vamos juntos?

CAPÍTULO 1:
CONTEXTUALIZANDO A NOVA ADOLESCÊNCIA

Conceito legal de adolescência

Segundo a Constituição Brasileira e o Estatuto da Criança e do Adolescente - ECA, **a adolescência vai dos 12 aos 18 anos incompletos** - antes dos 12, a pessoa tende a ser considerada criança e, depois dos 18, adulto ou adulto-jovem - termo comumente usado por teóricos. Se formos mais a fundo, tem-se o conceito da Organização Mundial de Saúde - OMS, que aponta **a adolescência como um período da segunda década da vida, isto é, dos 10 aos 20 anos**.

Aprofundando um pouco mais, vemos que a adolescência começa com as mudanças corporais da puberdade, terminando com a inserção social e profissional na sociedade assim chamada; adulta. Acredita-se que esta definição é reducente, uma vez que, não contempla a dimensão do que é a adolescência, especialmente na atualidade.

Quando colocamos a maturidade, as atitudes e os comportamentos sob a luz do que conhecemos, ficamos mais aborrecidos do que entendidos sobre o assunto. **Eis que nos últimos anos surgiu o termo "aborrescência"**, ao qual considero um termo pejorativo e até mesmo ofensivo, afinal de contas, não são todos os adolescentes que nos aborrecem - apenas os que convivemos. (Brincadeirinha) Mas afinal, o que é esse negócio chamado adolescência?

Para entendermos tal conceito, iremos viajar um pouco no tempo, a fim de observarmos as modificações sofridas ao longo dos séculos.

Antiguidade

A palavra adolescência vem do latim *adolescere*, que significa crescer.

Segundo alguns estudiosos, a palavra *adolescence* foi utilizada pela primeira vez na Inglaterra, em 1430, referindo-se as idades de 14 a 21 anos para os homens e de 12 a 21 anos para as mulheres.

Na antiguidade, a adolescência era vista sob o olhar da impulsividade e excitabilidade - excitação. Na Grécia antiga, os jovens eram submetidos a um verdadeiro adestramento, que tinha por finalidade ensinar bons modos de comportamento cívico e militar. Aos 16 anos eles podiam falar nas assembleias. Ou seja, podiam falar diante dos adultos. Aos 18 anos, atingiam a maioridade civil e eram inscritos em registros públicos da cidade. De modo geral, até aos 18 anos, os adolescentes neste período não eram considerados cidadãos legítimos.

Os Gregos viam essa etapa da vida como um momento de preparação para as tarefas adulta. No caso dos meninos, para guerra ou a política; e as meninas, para a maternidade. Uma observação sobre esse momento da história, é que as meninas se casavam aos 15 e/ou 16 anos, mas hoje, tal ato é considerado um escândalo. Por sorte, os conceitos mudaram ao longo do tempo...

Você já deve ter visto, em propagandas ou cartazes, que é proibida a venda e o consumo de bebidas alcoólicas por menores de 18 anos, certo? Na Grécia Antiga - o renomado filósofo Platão

- enfatizou a impulsividade e excitabilidade dos jovens, advertindo-os quanto ao uso destas bebidas antes dos 18 anos. Para ele, isso seria "colocar fogo no fogo". Pois bem, se até Platão afirmou, quem somos nós para questioná-lo? Arrisco pensar que ele esteja se revirando em seu túmulo ao ver o que estamos fazendo... Afinal, considerava que as crianças deveriam passar mais tempo brincando e os jovens estudando, ou seja, nada de diversão para os jovens. Neste quesito, acredito fielmente que estamos falhando na missão.

Outro filósofo grego muito famoso - Aristóteles - afirmava que os adolescentes eram apaixonados e irracionais, sendo assim, eram facilmente influenciados pelos seus impulsos. Diante disto, vê-se que a irresponsabilidade dos adolescentes é mais antiga do que pensamos. Desde a antiguidade eram levados pelas paixões e desejos, tornando verídico o pensamento de que não é culpa apenas da nova adolescência.

No Império Romano, os meninos da elite, aos 12 anos, deixavam o ensino elementar e passavam a estudar os autores clássicos e a mitologia, com o objetivo de serem mais espirituosos. A educação dos filhos nesta fase ficava a cargo do pai; ele aprenderia o seu ofício, qualquer que fosse. Aos 14 anos, abandonavam as suas vestes infantis e, assim, passavam para o direito de fazer o que almejassem. Aos 16 ou 17 anos, podiam entrar na vida política ou no exército.

Não havia o conceito de "maioridade" legal. O jovem era considerado adulto quando o seu tutor ou os seus pais decidissem. Ao receber o aval, poderia tomar as vestes de homem e cortar o seu primeiro bigode. Por outro lado, as meninas aos 12 anos já eram consideradas com idade boa o suficiente para o casamento e, logo que faziam 14 anos - quando eram consideradas adultas - o mesmo consumava-se. Portanto, desde aquela época até os dias atuais, os pais utilizam seus próprios critérios para concederem o título de "adultos" aos filhos.

Idade Média

Na Idade Média, os indivíduos viviam em comunidade. Eram os chamados *feudos*, um ambiente bastante familiar, onde todos se conheciam e, assim, já influenciava na definição dos papéis sociais.

Nesse período, as crianças e os adolescentes eram considerados adultos em miniatura, precisando apenas crescer em aspectos físicos e mentais. Assim que superassem o período de risco de mortalidade, eram misturados aos adultos e, logo iam aprendendo as tarefas, crenças e valores que necessitariam no futuro.

Os casamentos eram realizados entre 12 ou 15 anos, com a noiva mais nova que o noivo. A partir do século XII, a Igreja passou a exigir o consentimento de ambos para a união, visto que, anteriormente, eram os pais que decidiam com quem e quando os filhos iriam se casar. Neste período, pode-se observar que os jovens começam a ter algum poder de decisão em relação as suas próprias vidas.

A ideia de "fases da vida" começou a ter uma clareza maior na Idade Média, observando as diferentes formas de relacionamentos e necessidades de cada indivíduo no seu ciclo vital. Sob a influência de Aristóteles, as fases correspondiam a períodos de: 7 anos - a segunda idade; 14 anos - a chamada *puerícia*; e 21 anos - a adolescência, fase em que o jovem estaria pronto para procriar.

Idade Moderna

Na Idade Moderna, o Estado assume um novo papel, passando a interferir com maior frequência no espaço social, nas formas de agir, famílias, comunidades, grupos religiosos e educacionais, dentre outros. Com o intuito de proteger as crianças e os jovens das tentações da vida, investiram em cuidar da sua moralidade - os colégios tornam-se então um pilar essencial de instrução e educação. As crianças e adolescentes passaram a ser educados em lugares separados e fechados, sob a autoridade de especialistas.

As práticas escolares eram destinadas a faixa etária dos

10 aos 25 anos, não havendo preocupação em separá-las. Na Idade Moderna, não havia distinção entre infância e adolescência. O conceito de adolescência que conhecemos, era inexistente. Mesmo que os jovens se organizassem em grupos ou sociedades temporárias, não ficava claro o que era ou não.

Século XIX

No século XIX, houve um crescente investimento dos pais em seus filhos, classificando-os como o futuro da família, tornando-se objetos de amor e cuidado. A infância passou a ser considerada um momento privilegiado da vida, e a criança fora identificada como uma pessoa.

A adolescência ao longo do século XIX passa a ser encarada como um "período crítico", tendo a ser temida como uma fase de riscos em potencial para o indivíduo e a sociedade.

A ideia do que hoje chamamos de adolescência, estava associada as novas maneiras de viver em grupos sociais. Com a industrialização e os sistemas educacionais obrigatórios, ela pôde finalmente ser melhor observada. Neste contexto, pode-se dizer que foram os educadores que a conheceram primeiro.

A partir disso, começaram a surgir movimentos e organizações voltados a compreender e atender à necessidade dessa fase da vida. Médicos, psiquiatras, filósofos e sociólogos da época, fizeram grandes contribuições para a compreensão da adolescência.

Por necessidade de adaptação à escola, os psicólogos começaram a estudar a adolescência. **Em 1925, o psicólogo Stanley Hall, legitimou a adolescência como uma etapa que requer estudo e atenção**, inaugurando assim, o estudo científico da adolescência. Essa etapa da vida era vista como uma zona de turbulência e contestação, o que daria pano de fundo para conflitos intrafamiliares (parece que foi ontem que estávamos discutindo sobre isso...).

A vigilância constante aos adolescentes e o distanciamento

com que eram tratados por suas famílias, despertaram-nos a necessidade e a conquista de sua privacidade. Você pode até perguntar:

_ Sério que estamos falando de um período de mais de um século? Isso não aconteceu ontem?

Acredite, há quase 100 anos enfrentávamos problemas semelhantes aos de hoje. Começaram a surgir, naquela época, alguns movimentos destinados aos adolescentes, como o Movimento Escoteiro (1908) e a Associação Cristã dos Moços - ACM, dentre outros.

Século XX

Mesmo diante de tantas mudanças, o século XX só fora marcado pelo desenvolvimento da adolescência devido as grandes guerras registradas. No período anterior, as grandes guerras (primeira e segunda) e suas histórias, enfatizaram a indisciplina e a preguiça dos adolescentes. Durante o combate, os historiadores apontaram a importância do trabalho dos adolescentes para o desenvolvimento. Neste oportuno, já ressalto que, todo acontecimento atual, embora pareça novo, não é.

Estudos recentes da Antropologia Social, evidenciam que, a adolescência não precisa ser, necessariamente, um período turbulento. Às características do desenvolvimento psicossocial não são universais. Ou seja, cada país, cultura, povo e família, tem a sua forma de compreender e passar por essa etapa crucial.

Nas décadas dos anos 50 e 60, temos o surgimento dos assim chamados "jovens transviados", "rebeldes sem causa", "movimento *hippie*", dentre outros nos quais existia uma oposição dos jovens aos padrões impostos pela sociedade da época. Esses padrões, sejam eles sociais, políticos, econômicos, religiosos e familiares, instauraram no imaginário coletivo a ideia que se arrasta até os dias de hoje; "adolescentes são rebeldes" – adiante, falaremos a respeito.

De lá para cá, as instituições e formas de organizações sociais, têm sofrido constantes mudanças dadas as novas configurações do que chamamos de adolescência.

Atualmente

Ufa! Quanta história em pouco tempo... E você deve estar perguntando o seguinte:

_ Está bem! Agora que eu sei desse monte de história, o que isso muda em minha vida? Como posso compreender melhor a adolescência?

Calma! Foi preciso contextualizarmos a construção do conceito para compreendermos o que estamos vivendo agora com a nova adolescência; não é algo novo. Isso mesmo! A nova adolescência não é nova.

A percepção que temos da adolescência, os conflitos, dilemas e nuances, também foram vivenciados em momentos históricos anteriores. Obviamente, em cenários e contextos diferentes, mas com o mesmo núcleo conflitivo.

Então, diante desta etapa da vida, é comum os pais e, também os adolescentes, sentirem-se perdidos, sem saber como lidar. De modo resumido, **podemos compreender a adolescência como um momento de transição entre a infância e a vida adulta**. Sendo esta jornada repleta de desafios, conflitos, descobertas, lágrimas, sangue, berros, manifestações de amor, ódio e várias outras coisas.

Não se pode reduzir a adolescência apenas pela faixa etária, mas também pelas questões que a cercam. Por isso, nos capítulos a seguir, discutiremos as principais.

CAPÍTULO 2: REBELDIA OU DIFERENCIAÇÃO?

Quando ouvimos falar sobre a adolescência, um dos temas mais comentado é a rebeldia dos adolescentes. Pode-se dizer que, estão inseridos nas seguintes frases: "naquela fase rebelde", "meu filho está muito rebelde, não me respeita mais" e por aí vai...

Neste capítulo iremos entender um pouco sobre o que é esta "fase rebelde" e como lidar com ela.

Os próximos capítulos serão mais práticos, então não se preocupe, vamos direto ao ponto.

A palavra "rebeldia" vem do latim *rebellare,* que significa, literalmente, fazer guerra contra. Quando os pais ou qualquer outro adulto, referem-se à adolescência neste termo, logo imaginamos um cenário de guerra. De um lado temos um adolescente descontrolado e furioso, e do outro, pais desesperados se perguntando como podem apaziguar tal conflito. Logo apelam para a saída mais prática: dar-lhe roupas, comida, aparelhos eletrônicos, cartões de crédito, senhas do wi-fi, etc.... Vale ressaltar que é importantíssimo manter a calma, afinal de contas, o cenário não é bem assim... Está bem! Às vezes pode parecer, mas no fundo não é.

Façamos uma viagem no tempo... Calma! Essa não será tão longa quanto a do primeiro capítulo - promessa de dedinho.

Gostaria que você retornasse a sua adolescência, como enxergava o mundo, como se comportava com os seus pais, os mais velhos, os professores, outros adolescentes e, por fim, como você lidava com as mudanças que estavam acontecendo dentro de si mesmo...

Lembrou-se? Até deu uma nostalgia! Uma pergunta rápida, não pense muito para responder, apenas diga a primeira coisa que ocorrer-lhe: **você era rebelde?**

Acredito que você respondeu: "não", mas logo em seguida, fez uma cara de vergonha e repetiu bem baixinho em sua mente; "sim, eu fui um pouco. Teve aquela vez que..." Percebe-se que, nós também já fomos rebeldes um dia. Talvez não tanto quanto enxergamos em nossos filhos, mas em um cenário e contexto diferente. No entanto, a rebeldia sempre será rebeldia. Porém, não gosto de usar este termo, uma vez que, soa muito ofensivo e acaba dificultando o diálogo. Prefiro chamar de DIFERENCIAÇÃO.

Como disse no capítulo anterior, a adolescência é uma fase de transição entre a infância e a vida adulta. Porém, o caminho que segue entre essas duas etapas não é tão simples assim. Ele perpassa por diversas mudanças significativas e movimentos distintos de aproximação e afastamento. Esses movimentos são comuns a todos os adolescentes, sendo eles quem darão o pano de fundo para esse dilema.

Movimento de afastamento

A adolescência é uma fase de desenvolvimento não apenas físico, mas como também da personalidade do adolescente. É nela que o nosso "eu" se desenvolve e consolida-se. Passamos 12 anos da nossa vida recebendo a acatando mansamente tudo aquilo que os pais diziam. Na maioria das vezes, vivíamos no mundo da infância, sem responsabilidades, cobranças e mudanças. Como dito anteriormente, sempre coube às crianças apenas brincar.

Percebe-se que, no mundo, apesar de termos motivos para sermos rebeldes, era mais simples passar por isso, pois os nossos objetivos eram triviais. Só queríamos prolongar o tempo da diversão. Na adolescência, porém, isso muda de figura.

Quando entramos na adolescência, como se não bastasse as mudanças que estão acontecendo em nosso corpo e emoções (trataremos disso adiante), temos um dilema: **sou velho demais para ser uma criança e novo demais para ser um adulto, então, quem sou eu?** Neste momento, uma saga se inicia na vida do adolescente; a busca da sua essência, de quem ele é.

Justamente nesta etapa da vida é que somos chamados de rebeldes. Quando buscamos a nossa verdadeira essência, este movimento de afastamento de autodescoberta e diferenciação, é comumente confundido com "rebeldia". Claro! Às vezes o adolescente pode ser implicante, birrento, orgulhoso... poderíamos adicionar vários outros adjetivos, no entanto, percebe-se nessa fase um afastamento temporário dos pais.

"Às vezes para enxergarmos o desenho como um todo, precisamos nos afastar do papel." Não sei quem disse isto, mas é a mais pura verdade.

O adolescente precisa se afastar dos pais para que possa finalmente conhecer-se. Costumo dizer que os filhos só se desenvolvem longe. O clichê: "a mãe cria o filho para o mundo" ou "os pais criam os filhos para o mundo", pode ser adaptado. Nenhum pai cria o filho para si mesmo - ao menos não deveria ser assim, os efeitos podem ser nocivos a médio e longo prazo - entendendo isso, compreendemos que é preciso permitir que os filhos possam vivenciar a sua própria jornada.

Mas, espera lá! Quer dizer que terei de deixar o meu filho adolescente fazer o que quiser? Não... a resposta é não. É preciso supervisioná-lo. O caminho deve ser trilhado juntos.

Tudo aquilo que os pais ensinam aos seus filhos serão colocados à prova na fase da adolescência. Conceitos, princípios e valores, tudo será testado e experimentado. Ao passarem por isso, os jovens entenderão o que os seus pais estavam tentando lhes dizer quando pegavam tanto no pé.

É preciso permitir que o adolescente experimente, erre, tente de novo e aprenda. Afinal de contas, este é o processo natural da vida - tentativa e erro. Necessariamente, tal ação não significa que ele não o respeita, mas sim, que precisa experimentar e compreender aquilo que faz sentido. Se não fizer, ele precisa descobrir o que faz sentido e se conectar com o que acredita.

Esse movimento de afastamento não é eterno. Ele é necessário para que o futuro adulto se desprenda da dependência dos pais, e possa ter autonomia e liberdade para ser quem é.

Atualmente, é comum vermos filhos já adultos que não se desprenderam desse "cuidado" dos pais e permanecem presos a adolescência. Os estudiosos chamam isto de Síndrome ou Complexo de Peter Pan. Lembra-se da história, né?! Do menino que vivia na terra do nunca e só queria saber de se divertir e fazer travessuras, não querendo em hipótese alguma crescer. No entanto, é fundamental lembrar: **a palavra adolescência vem do latim *adolescere*, que significa crescer.** Então, permita que o seu filho cresça.

Tendo concluído essa jornada - reforço que ela não tem idade certa para acabar, assim como a adolescência simbolicamente não tem - o jovem começa a entrar no fluxo do movimento de aproximação.

Movimento de aproximação

Com o fim desta jornada de autodescoberta, naturalmente os filhos se aproximam novamente dos pais. Agora, mais maduros, experimentados, entendidos sobre algumas coisas da vida, arrependidos de algumas besteiras, envergonhados por outras, mas ao fim, conscientes de si mesmos.

Perceberão a sabedoria e coerência que havia naquilo que foi repassado pelos seus pais. Terão ciência do que não concordam e, de forma madura, irão lidar com isso sem que comprometam a relação com ambos. Fazendo uma observação: a nossa geração atual de pais e mães não está preparada para ver os filhos crescerem longe, sem aquilo que acreditam, sem os seus sonhos e ideias. É justificável esse sentimento, mas precisamos permitir que cada um siga o seu caminho e a sua própria jornada.

Servindo-lhes de consolo, fixa-se que, uma vez pai, sempre pai. Um filho não pode deserda-se, então, fique tranquilo, você sempre será pai dos seus filhos - torcemos para que se dedique verdadeiramente nesse papel. De modo simbólico, nessa jornada, o adolescente estará sozinho, mas dentro dele sempre estarão presentes as suas imagens de pai e mãe. Quanto mais clareza ele tiver da importância dessas imagens, tão longo se aproximará dos seus pais e compreenderá o vosso papel.

Como fora descrito pelo mitologista Joseph Campbell, para que a *"Jornada do Herói"* possa ser concluída e o jovem possa retornar, ele precisa receber a benção da mãe e estar em sintonia com o pai.

Precisamos concordar que, nem tudo acontece como lemos em livros ou assistimos em filmes. Quanto mais conscientes nós pais estivermos desse processo natural da adolescência, menos conflitos teremos durante essa jornada - que é exclusivamente pessoal dos nossos filhos.

Para que o movimento de aproximação possa ocorrer sem muitos atritos, é preciso haver compreensão, respeito e consideração dos pais em relação ao momento vivido pelos jovens.

Entusiasmo-me com a possibilidade de pais e filhos passarem pela adolescência em completa harmonia, porém, para que isto possa acontecer, é necessário sermos mais empáticos. Em outras palavras, lembramo-nos da nossa própria adolescência, como fizemos no início deste capítulo, fazendo o seguinte questionamento: **como eu gostaria que os meus pais tivessem agido comigo nessa fase?**

Pense com calma, sem pressa, e se conecte com o momento

vivido pelo seu filho…. Quando tiver a sua resposta, faça-se outra pergunta: **como eu estou agindo com meu filho nessa fase?**

Gostaria que você parasse tudo o que está fazendo agora. Sim, pode deixar por alguns momentos a leitura do livro. Procure se sentar confortavelmente, e pense na pergunta anterior. Tente se lembrar dos atritos, conflitos vivenciados com o seu filho, das discussões mais calorosas e, por fim, tente perceber se realmente está agindo do modo que gostaria que os seus tivessem agido com você.

Vou lhe dar esse tempo para pensar. Não comece o próximo capítulo sem antes ter refletido sobre isto. Ainda temos várias questões da adolescência para discutirmos, mas a sua resposta diante desta reflexão poderá fazer toda a diferença.

CAPÍTULO 3: AS ALTERAÇÕES DE HUMOR

Espero de coração que você tenha tirado um tempo para refletir sobre o questionamento anterior. Informo-lhe, com toda certeza, que a sua maneira de enxergar tanto a sua postura, como a dos seus pais, será de extrema importância para os próximos capítulos.

Tanto este quanto o capítulo anterior, estão diretamente ligados. Quando paramos para pensar sobre o humor dos adolescentes, quase que invariavelmente, temos a imagem deles tristes ou irritados.

Você pode dizer:

_ Não! Vejo-os muito alegres e sorridentes, não é verdade isso que está dizendo.

Sim! Eles experimentam todas as emoções como qualquer ser humano normal. No entanto, em grande parte do tempo, devido às mudanças que estão ocorrendo, é muito comum vermos um adolescente triste ou irritado.

O corpo do adolescente recebe uma descarga de hormônios fora do comum durante o seu processo de crescimento. A maioria estão direcionados a maturação do corpo infantil e a sua formação inicial do futuro adulto. Devido a esse turbilhão de hormônios, os sentimentos e emoções são vivenciados de modo muito intenso.

Antes de prosseguirmos, precisamos conceituar o que são emoções e sentimentos.

- **Emoções**: conjunto de respostas neurofisiológicas baseadas em nossas memórias, e surgem quando o cérebro recebe um estímulo externo;
- **Sentimentos**: respostas às nossas emoções, e dizem a respeito da reação e sensação diante daquela emoção;

Ou seja, o supracitado leva-nos, de forma simplificada, e entender que **as emoções são as respostas do nosso corpo diante de um evento externo, e os sentimentos são as nossas reações diante delas.**

As respostas neurofisiológicas - emoções - de um adolescente diante de um evento externo, são falseadas pela intensidade das suas reações - sentimentos.

_ Espera! Pode parar... não estou entendendo nada.

Calma! Logo simplificarei. Como o corpo do adolescente está passando por mudanças extremas, ele reage de modo desproporcional às suas emoções.

Quando estão felizes, podem estar felizes demais.

Quando estão tristes, podem estar tristes demais.

Quando estão com raiva... e por aí vai.

Entendeu?!

_ Contudo, quais são os fatores que deixariam o humor dos adolescentes mais triste ou irritado?

Mais uma vez, preciso diferenciar estar triste de estar depressivo. Até aqui não fiz uso da palavra deprimido para não os confundir. Optei por usar triste, mas o termo adequado a este estado de humor também poderia ser deprimido.

Depressivo ou triste

Estar depressivo é estar com o quadro clínico do Transtorno Depressivo, normalmente diagnosticado por um profissional de saúde mental - psiquiatra ou psicólogo - com sinais e sintomas correspondentes há pelo menos 6 meses antes da data de avaliação. Ou seja, este estado precisa ser diagnosticado por um profissional, que com base nos manuais diagnósticos dos transtornos mentais, distinguirá se é uma tristeza natural devido ao sentimento de perda ou trata-se de um quadro clínico da depressão.

Não descreverei os sinais e sintomas para não gerar nenhum alarde, mas caso tenha percebido o seu filho(a) com um humor triste ou irritado, a maior parte do tempo, sentimento de tristeza e vazio profundo, com dificuldades para dormir, perdendo ou ganhando peso muito rápido, apetite voraz ou sem fome alguma, insuficiência de prazer para realizar tarefas que antes eram prazerosas e, por fim, isolado socialmente, talvez seja prudente da sua parte procurar um profissional de saúde mental.

Acrescento-lhes que estes sintomas isolados não configuram o transtorno depressivo. Para isto, é preciso ter a presença de três ou mais destes sintomas, percebidos dentro do intervalo de 6 meses. Por ordem de prioridade, não apenas por ser psicólogo, mas também, por compreender o fluxo de intervenção em casos assim, recomendo-lhes que procurem primeiramente um psicólogo. Toda via, vendo a necessidade, ele mesmo fará o encaminhamento para um psiquiatra.

Um dos erros que considero muito prejudiciais ao lidar com adolescente com depressão, é anestesiar suas emoções com a medicação ao invés de compreendê-las, dando-lhes significados. Enfim, estou apenas fornecendo uma orientação técnica de como proceder mediante ao problema.

Mesmo percebendo que o adolescente vivencia os sinais e

sintomas da depressão quando está triste, eles são transitórios e, logo elaborados. Quando o jovem compreende e aceita a perda de algo, qualquer seja a natureza e, tenha grande significado para ele - entes queridos, brinquedos, amigos, objetos, dentre outros - os sintomas tendem a desaparecer.

Assim, **estar triste** é um estado de tristeza que pode aproximar-se da profundidade da depressão, mas não causa prejuízos funcionais para o adolescente. Como dito, pode se aproximar da depressão, porém, é um estado de tristeza natural, e precisa ser vivenciado da mesma forma que os outros sentimentos.

Lembre-se: **estar triste não significa estar com depressão**.

A nossa sociedade abomina a tristeza e, devido a banalização dos termos utilizados pelos profissionais de saúde - no senso comum ou na sabedoria popular - estar triste é estar com depressão. Espero que a partir de agora você entenda que a tristeza é uma parte integrante de quem nós somos, não precisando ser experimentada.

Por certo é, que não sabemos lidar muito bem com a tristeza. Talvez, por isso, seja tão difícil compreendermos este sentimento em um adolescente. E mesmo sendo tão jovens, possuem inúmeros motivos para ficarem tristes. A tristeza está relacionada a sensação de perda.

_ Mas o que esses meninos perderam?

À primeira vista, olhando de modo objetivo, os adolescentes não perderam nada que para nós seja significante. Porém, ao olharmos de modo simbólico, perceberemos algumas perdas bem significativas. Vamos a duas delas que considero essenciais...

A perda do corpo infantil

Devido as mudanças ocorridas durante a puberdade, o jovem perdeu o seu corpo infantil. Agora, cede lugar ao corpo do futuro adulto.

Enquanto está crescendo, o adolescente sente constantes dores, desconfortos, chegando até mesmo a desejar que seu corpo não mude, pois não aguenta mais a dor.

Em alguns casos, os adolescentes sentem vergonha do próprio corpo, rejeitando-o. Tal situação tende a mexer muito com a sua autoestima e, por consequência, com o seu humor, deixando-os irritados ou tristes por não terem mais aquele corpo "perfeito" da infância.

Vejamos alguns exemplos:

- O corpo da infância não tem as odiosas espinhas que tanto mancharam a imagem de um adolescente;
- Os seios das meninas não doem;
- A voz dos meninos é fina, assemelhando-se a de um pato;

Poderia citar vários exemplos, mas peço que parem, observem e escutem as queixas dos seus filhos enquanto eles crescem, pois verás que têm muito mais coisas.

A perda do mundo da infância

Você pode pensar:

_ Mas nós nunca perdemos o mundo da infância, ele sempre viverá dentro de nós.

Agora, pergunte a um adolescente:

_ Você gostaria de voltar a ser criança?

Digo-te, de olhos fechados, que a maioria das respostas seriam: "*lógico que sim!*"

No mundo da infância, o adolescente não passa por tantas mudanças bruscas, sejam elas corporalmente ou psiquicamente. Ele não tem responsabilidades, sua grande parte do tempo consiste em diversão. Tudo parece mágico e fantástico. Os pais e a sociedade não cobram tanto. Sem contar que, recebe mais atenção e cuidado das pessoas, sentindo-se protegido. Ninguém se importava muito com o seu corpo e aparência e, por fim, as crianças não dão "muita bola" para os problemas...

É um belo mundo, concorda?

Porém, vem a chamada puberdade e rouba tudo isso. Lança-me ao mar em meio a uma tempestade, sem que haja ninguém para ajudar-me. Está escuro e o mar parece agitado. Estou nu, já sentindo fortes dores pelo corpo. Tenho a sensação que alguém está observando-me, por isso, o meu sinal de alerta está em pane, o que consiste na estranha sensação que aquele não sou eu...

A questão é: como você se sentiria em um cenário assim?

Desesperador, não é?!

Precisei exagerar um pouco a fim de que percebesse o quão desesperador é para um adolescente, quando o seu mundo leve, tranquilo e sereno, é roubado e você é lançado em um canto da vida ao qual não pediu para estar. Quantas vezes em momentos de intensidade afetiva não ouvimos de um adolescente: *"eu não pedi para nascer, seria melhor morrer..."*? É loucura ouvir isto, mas mediante ao desespero das mudanças da puberdade, alguns preferem acabar com tudo do que concluir essa jornada de dor e sofrimento.

Uma das principais transformações da adolescência e do mundo interior, é a transição para a fase adulta. Neste novo cenário, já não se pode mais ver o mundo como antes, pois é visível a necessidade do amadurecimento. Aquele que outrora fora criança, agora precisa crescer e se tornar um adulto. Para que este ciclo seja fechado, é preciso deixar para trás a infância. Os que se desprendem de modo saudável, lidam de forma mais assertiva com os dilemas do mundo adulto.

Em muitos casos, o jovem regride e retorna ao mundo da infância, permanecendo assim, preso as questões passadas. Diante desse cenário, ele não amadurece, não desenvolve a sua autonomia. Passa a ser extremamente dependente dos pais e, assim, tende a adoecer. Analisando de modo simbólico, a ansiedade na adolescência seria uma hesitação diante da vida. Dito de outra forma; o medo de crescer.

Enfim... poderíamos ficar horas discutindo sobre as perdas da puberdade, mas optei por elencar apenas duas das etapas que considero essenciais para todas as outras questões que permeiam a adolescência. O humor do adolescente está diretamente associado ao significado que ele atribui a estas perdas. Caso consiga aceitá-las e elaborá-las de modo saudável, sofrerá menos com as suas variações de humor. E quando passa por sentimentos muito intensos, consegue lidar bem com eles.

Nem todos os adolescentes dão trabalho, emocionalmente falando, alguns lidam de forma muito madura com suas emoções. A inteligência emocional é aprendida e vivenciada ao longo da infância. Teremos alguns rios de lágrimas, lamentações, gritos histéricos, coisas sendo quebradas e ameaças de sair de casa. Assim, são eventos isolados e transitórios, mas que logo serão elaborados.

Você pode estar se perguntando:

_ Está bem, você falou muito sobre a tristeza, mas e a irritação?

A tristeza e a irritação caminham juntas. Na maioria dos casos é como se fossem os dois lados da mesma moeda. A tristeza e a raiva podem estar presentes ao mesmo tempo ou serem o reflexo uma da outra. Então, tudo o que dissemos sobre a tristeza, também se aplica a irritação.

O humor do adolescente é fluido. Terão dias bons e maus, mas novamente o convido a ter uma postura empática diante dessas questões. Ser julgado em momentos nos quais não compreendo o que estou sentindo, pode deixar-me mais triste ou irritado. A falta de respeito, consideração, atenção e empatia dos meus pais, prejudica muito o meu humor.

Pense sobre isso: **qual a sua postura diante das emoções e sentimentos dos seus filhos?**

CAPÍTULO 4 : A ADOLESCÊNCIA E O GRUPOS

Como abordado no capítulo 2, existe um movimento natural, na adolescência, chamado de Movimento de Afastamento. Neste ciclo, os filhos tendem a se afastar dos pais, aproximando-se daqueles que melhor representam o que acreditam. Agora, no patamar de construção da personalidade, eles precisam desprender do cuidado e proteção da família, colocando em prova os conceitos anteriormente aprendidos.

O fato de o adolescente estar construindo a sua personalidade, coloca-o em um momento emocional muito intenso e, possivelmente, leva-o ao atrito com os pais. Por esta razão, inicia-se a procura por proteção e cuidado em grupos. Embora antes estes princípios eram buscados nos pais, agora eles os dispensam, buscando de alguma forma fazer parte dos grupos. Entende-se por grupos, pessoas que estão reunidas em torno de um mesmo objetivo, como: skatistas, gamers, roqueiros, futebolistas, evangélicos, católicos, espíritas, demolay, etc.

Nos grupos, eles são vistos, aceitos, respeitados, tratados como iguais, têm suas necessidades acolhidas, não são cobrados, não precisam ser tão responsáveis e, principalmente, não tem a presença dos pais. Como eu disse: os filhos só crescem longe do olhar deles.

Nessas configurações, o adolescente se sente mais confortável e aberto a experimentar e, assim, desafia-se a fazer aquilo que não teria coragem perto dos pais. Devido a impulsividade e forte paixão, eles podem fazer algumas besteiras. Para ser sincero, a maioria delas são feitas em grupos, mas isso não significa que eles sejam o problema, mas sim a postura do jovem diante deles.

Como toda e qualquer instituição, os grupos têm suas regras de funcionamento. Em seu regimento interno estão descritos os comportamentos aceitáveis, o tipo de vestimenta, o vocabulário, a postura... enfim, cada grupo tem os seus critérios de aceitação. Quanto mais próximo o adolescente está do grupo, mais ele pode se diferenciar dos pais. Essa diferenciação não é algo ruim, pelo contrário, ela é crucial para o desenvolvimento da autonomia e independência do futuro adulto.

O fato de os grupos terem suas regras próprias de funcionamento - as quais nem sempre são aprovadas pelos pais - podem gerar muitos conflitos que, ao longo do tempo, serão irreparáveis. Às vezes, os grupos representam uma maneira do adolescente fugir dos seus pais, refugiando-se em um lugar seguro. Porém, isso não significa que eles sejam melhores do que a família, mas sim, que naquele momento, oferecem para o jovem um suporte e apoio essencial para o conflito vivido.

É muito comum os pais brigarem com seus filhos devido à proximidade que tem com os amigos, uma vez que, com eles, ocorrem o contrário.

Os pais reivindicam que seus filhos falem e façam todas as coisas juntos, esperando que sejam amigos sinceros, porém, na prática não é bem assim. Esta consequência ocorre devido ao jovem se sentir melhor acolhido e compreendido por alguém que está passando por um momento semelhante, não importando a idade. Neste sentido, será preferível estar em um ambiente de cooperação e colaboração, do que em um de julgamento e cobranças.

O que você prefere: estar em meio às pessoas que o escutam e o apoiam sem julgamento ou em meio às pessoas que não o compreendem, julgando-o? Acredito que a primeira opção, certo?

Essas escolhas não são feitas apenas durante a puberdade. Nós, adultos, também fazemos escolhas semelhantes, porém, temos - ou deveríamos ter - mais recursos internos para lidar com as mudanças. O jovem está em uma fase de transição e, neste momento, precisa de apoio e suporte para prosseguir com a jornada de autoconhecimento. Afinal de contas, se ao longo da minha jornada não encontro o apoio e suporte da minha família, preciso encontrar um lugar que me ofereça isto.

Os seres humanos têm uma tendência natural de estar próximo aos seus semelhantes, visto que, o diferente pode causar medo. Diante dele, instintivamente reagimos de duas formas possíveis: lutar ou fugir. E neste contexto, configura-se diversos medos, como por exemplo, o medo dos pais não nos aceitarem do jeito que somos ou estamos descobrindo-nos. E assim, preferindo não lutar pela aceitação, opta-se por fugir. No entanto, durante a fuga, precisa-se de um abrigo, e é neste novo cenário que os grupos se apresentam como a solução.

Agora que compreendemos a importância dos grupos na adolescência, existe um fator do qual gostaria de discutir: os adolescentes tendem a escolher grupos opostos aquilo que os pais são. Este é um fato que chama a atenção devido ao distanciamento dos pais dessa realidade, levando-nos ao seguinte questionamento:

_ Como isso aconteceu?

Você questionará e não chegará nem perto de uma resposta completa e definitiva.

Alguns adolescentes optam por um caminho oposto ao dos pais, não como uma forma de rebelar-se, mas de experimentar e vivenciar aquilo que seus pais tanto renegaram em suas vidas. Às vezes, nós - os pais - temos muitos desejos irrealizados, mesmo os que nos parecem mais absurdos e, como consequência, vemos os nossos filhos investirem justamente nisso. E é neste ponto onde mora o conflito.

Os filhos tendem a ser o reflexo dos conflitos não realizados dos pais. Então, se você é uma pessoa "perfeita" e sem máculas, o seu filho poderá ser um transgressor. Pode parecer um pouco confuso no início, mas fará sentido logo mais.

Suponhamos que você seja uma pessoa moralmente impecável, respeitado e considerado "perfeito". Qual margem o seu filho teria para errar, experimentar e aprender com a vida? Como você acredita que ele enxergaria os erros? Como poderia se aproximar e, assim, abrir-se com um ser tão perfeito? Será que a palavra pode ser dirigida a esse ser superior?

O problema dos pais perfeitos é que isso não abre margem para que os filhos possam errar. Diante disto, eles passam a se cobrar e a viver em um padrão irreal de perfeição. Podem optar por ser exatamente como seus pais ou o contrário, buscar algo que não tem nada a ver com eles, para fugir da presença de um ser tão "perfeito". Tenho usado aspas na palavra perfeito, com o objetivo de chamar a sua atenção para o fato de que a perfeição é uma ilusão.

Temos exemplos de filhos de boas famílias com pais respeitadíssimos que, envolveram-se com atos infracionais e, como consequência, cometeram crimes no futuro, sem contar que, são indisciplinados e têm sérios problemas de comportamento. Mas por que isso acontece? A resposta para esta pergunta poderia ser: porque tudo na vida é uma questão de equilíbrio. Somos regidos por pares de opostos e não existe alguém que seja tão bom, que não tenha em si algo de ruim. Por exemplo, eu prefiro estar em meio a pessoas imperfeitas, do que com pessoas que não aceitam as suas imperfeições. Esta não é apenas uma afirmação minha, mas pode ser a proposta de valor entregue ao adolescente pelo grupo ao qual ele faz parte.

Os grupos são de extrema importância para a construção da personalidade do adolescente. No entanto, eles não precisam estar entre os adolescentes e os seus pais. Podem apenas ser complementares. Em casa, o filho deve receber a base e a estrutura inicial para lidar com os dilemas e desafios de fazer parte de um grupo. Já neste grupo, o adolescente irá vivenciar em prática os princípios e valores repassados por seus pais e, assim, desenvolverá a sua autonomia e independência.

Os movimentos de aproximação e afastamento não precisão ser eternos, mas sim, fluídos. O adolescente se aproxima e se afasta dos pais e do grupo para descobrir-se, autoconhecer e compreender o que faz ou não sentido para ele. Apoiar o filho a construir relações fora do ambiente familiar é permitir que ele possa olhar para o mundo de forma positiva e temê-lo. O seu filho precisa de você, mas ele também precisa de outras pessoas. Afinal, o que fará se você não estiver mais aqui?

Entenda; os grupos não são rivais da família, vocês podem se tornar parceiros. Procure se interessar nos gostos e nas preferências do seu filho. Escute as músicas que ele gosta, assista aos filmes e séries, leia os livros, compreenda a linguagem... enfim, atualize-se. A única forma de percebermos quem os nossos filhos estão se tornando, é aproximando-se do vosso mundo. Ao invés de um julgamento impositivo do certo e errado, mantenha-se em uma postura curiosa de quem está a fim de ir mais além para compreender.

Em minha visão, o grande erro dos pais que coopera para os filhos assumirem o grupo como a sua família, está em julgar e condenar sem antes conhecer. Você não pode privar o seu filho de fazer parte de algum grupo social, mas pode compreender melhor o seu funcionamento, adaptando a sua postura diante disto.

CAPÍTULO 5: SEXUALIDADE E RELACIONAMENTOS

Um dos temas mais controversos da adolescência é este: sexualidade e relacionamentos. Para alguns, a sexualidade na adolescência nem deveria existir, porém, para outros, pode acontecer, desde que sejam tomados os devidos cuidados.

O número de jovens que ficam grávidas durante à adolescência aumenta a cada ano. Segundo o relatório da Organização Mundial de Saúde - OMS, a cada mil adolescentes brasileiras de 15 a 19 anos, 68,40% ficaram grávidas.

Mesmo com diversas campanhas de prevenção contra doenças sexualmente transmissíveis, gravidez precoce e todas as matérias de educação sexual inseridas no ambiente escolar, o número de adolescente que têm relações sexuais desprotegidos é preocupante. Tornou-se habitual, vermos os adolescentes com muito mais medo de engravidar do que contrair uma doença.

A vida sexual dos jovens tem começado cada vez mais cedo. Desde a infância pode haver uma sexualização precoce das meninas e um incentivo demasiado dos meninos. Obviamente, esses aspectos não são determinantes, mas dão um pano de fundo para a questão a ser discutida. Poderia apontar aqui diversos agentes que atuam de modo negativo neste aspecto, mas não o farei, pois eles são apenas intermediários, ou seja, fatores expiatórios de um problema conceitual e cultural mais profundo.

Como visto no capítulo um, durante muitos anos a adolescência não tinha um caráter definido. Mediante tal indefinição, o início das atividades da vida adulta - em especial a vida sexual - não tinham uma idade definida para começar. Os casamentos eram realizados entre 12 aos 14 anos. As meninas com esta idade já eram consideradas adultas, e os meninos com 14 ou 15 anos já eram considerados homens. Caso fossemos mais afundo, evidenciaríamos que alguns desses casamentos eram realizados entre meninas muito novas e homens bem mais maduros.

A preparação das meninas para a maternidade não fora uma exclusividade dos séculos passados. Há pouco mais de 20 anos, as meninas eram incentivadas a brincar de boneca, casinha, comidinha, entre outras brincadeiras, que perante o imaginário infantil, podem não ter esse significado, mas no mundo adulto sabemos que estas poderiam ser as futuras tarefas a serem desempenhadas pela mulher. A preparação das meninas para a maternidade tem sido difundida desde os séculos passados e, até hoje, com outras configurações, ainda é incentivada.

Analisando de modo literal, as transformações ocorridas na adolescência são uma preparação do corpo e da mente a fim de procriar. Vale ressaltar que, o nosso ciclo vital - do ponto de vista biológico - é nascer, crescer, reproduzir, envelhecer e morrer.

A adolescência está na interseção entre crescer e reproduzir. Os hormônios liberados nesta fase do desenvolvimento, são responsáveis pela maturação do corpo para que possa reproduzir. Claro que, se referido contexto for discutido apenas estando relacionado ao ponto de vista biológico, sem levar em conta os aspectos que cercam a sexualidade inicial.

A nossa cultura judaico-cristã preconiza que a relação sexual seja exclusividade do casamento. No entanto, temos uma problemática de que os impulsivos e apaixonados adolescentes com os hormônios a flor da pele, tendem a não suportar por tanto tempo e, logo optam por iniciar a vida sexual antes do matrimônio.

Este princípio adotado pela nossa cultura, configura-se também, como uma forma de se manter firme a instituição mais antiga do mundo; a família. Esta é uma medida protetiva para as famílias e, também para os jovens, que adotam referido princípio sem ao menos ter uma estrutura emocional e econômica.

Se as relações sexuais ocorrerem sem a devida precaução, poderemos ter famílias sendo formadas sem qualquer estrutura, e adolescentes forçados a se tornarem adultos sem ao menos terem concluído essa etapa de suas vidas. Esse é um problema social crescente, levando a sociedade cada vez mais a se induzir aos "não-famílias". Não abordaremos aqui de modo aprofundado um assunto tão polêmico. Apenas pontuei uma das questões que permeiam a adolescência, mas que não é sua exclusividade, visto que, conta com uma estrutura muito mais ampla, da qual não cabe aqui a sua discussão.

Você pode estar se questionando:

_ Se isso é uma coisa tão arriscada, precisarei proibir meus filhos de terem relações sexuais durante à adolescência?

Acredito que poderia ser muito simples colocarmos um cinto de castidade em cada adolescente, escrito: *só abra quando for adulto!* Mas, sabemos que as coisas podem não funcionar muito bem. É sabido, desde a antiguidade, que aquilo que é proibido tende a despertar a curiosidade e o desejo de muitos.

Creio não querermos "colocar fogo no fogo" como disse Platão, embora tenha se referido ao álcool, porém, se acrescentar-mos a tarja "proibido" no sexo, chamaremos ainda mais a atenção dos jovens.

Vimos que os adolescentes tendem a se afastar dos seus pais em alguns momentos, e até mesmo a tomar decisões que os dis-tanciam do que foi dito por eles. O aspecto "transgressor" os apro-ximarão ainda mais daquilo que fora proibido.

Nas configurações atuais dos relacionamentos amorosos,

podemos afirmar que, cedo ou tarde, eles terão relações sexuais. Como dito, não adianta proibir o adolescente de namorar, visto que, o farão escondido. Calma! Não é necessário assustar-se. Tal afirmação não significa que neste momento seu filho está namorando, mas pode estar pensando a respeito. No entanto, não é condicente interrogá-lo, enchendo-o de perguntas.

Mesmo vivendo na era da informação, ainda somos leigos em assuntos que estão relacionados aos nossos impulsos mais básicos. O sexo é uma das necessidades básicas do ser humano, sendo impossível impedir que ocorra.

_ Mas se não posso impedi-lo por muito tempo, o que posso fazer para que seja saudável?

A grande dúvida da maioria dos pais é o que fazer para impedir os filhos de terem relações sexuais até chegar ao tempo certo. Porém, se eu te disser que o seu tempo certo não é o mesmo do seu filho, você acreditaria? Sei que soa como se eu estivesse incentivando seus filhos a terem relações sexuais, mas não me entenda mal, só quero tirar esta questão do pedestal.

Durante muito tempo, falar sobre sexo tornou um tabu na sociedade. Nossos pais não nos falaram sobre isso, nem mesmo os avós e, acredito que todas as gerações anteriores muito menos.

Mesmo que o assunto sexo tenha se tornado banalizado na atualidade, alguns adolescentes são maduros para entender e respeitar o seu próprio tempo, a fim de ter relações sexuais no momento em que se sentirem preparados. Sabemos que muitos são incentivados a fazer isso, mas devido as outras questões que estão ocorrendo, pode não ser o foco central de suas vidas. Como veremos nos capítulos a frente, existem outras questões que também permeiam a adolescência.

Este assunto não esgota em si mesmo. Poderíamos ficar em diversas páginas discutindo-o.

_ Tudo bem! Você já me assustou com esse assunto, mas o

que posso fazer para lidar melhor com isso?

Essa é uma pergunta possível, que você pode estar se fazendo agora mesmo. No entanto, já adianto que não existe uma resposta pronta, mas tentarei ajudá-lo a lidar com a questão.

Acredito que a forma mais adequada de lidarmos com as questões da vida, seja obtendo informação, conhecimento e diálogo.

Em primeiro lugar, eu preciso me informar sobre os métodos contraceptivos, as infecções sexualmente transmissíveis e suas formas de prevenção e quais são as fontes de determinadas informações.

Em segundo lugar, é preciso aplicar toda essa informação à realidade do adolescente. É necessário saber se meu filho ou minha filha tem ciência dessas coisas, ou seja, se estão namorando, se estão se protegendo e o que eles pensam sobre sexo.

Em terceiro, preciso ser empático e propor diálogos abertos, sem julgamentos com meus filhos. É preciso ouvir primeiro para depois falar.

Crie um ambiente neutro e confortável em que possa conversar abertamente sobre tudo, não apenas sobre sexo, mas qualquer questão da adolescência. Se não podemos evitar que isso aconteça, poderemos auxiliar para que venha ocorrer de modo saudável, sem consequências negativas.

Mãe, não é feio falar com sua filha sobre métodos contraceptivos, sexo, gravidez e relacionamentos. Na verdade, isso pode criar uma relação mais aberta e transparente entre vocês. Sem contar que, ela poderá passar a vê-la como uma amiga, abrindo-se totalmente.

Essa pode ser uma das melhores formas de tratar uma questão tão delicada da adolescência. Mas lembre-se: mantenha uma postura aberta e empática. Não demonize a sexualidade. Prepare sua filha para exercê-la no tempo dela e quando se sentir confortável.

Pai, converse com seu filho sobre respeitar a vontade e o tempo de uma mulher. Fale sobre planejamento familiar. Sobre as responsabilidades de um homem e de um chefe de família. Ensine-o sobre o dever de ser respeitoso e protetor, e não um aproveitador. Sei que a imagem mais aceita do homem, no universo masculino, é a do "pegador", porém, pense: se você tivesse uma filha, qual seria a postura que gostaria que um homem tivesse com ela?

Dado os recados finais, reafirmo que a melhor forma de lidarmos com um assunto tão delicado é o diálogo, a comunicação não-violenta e não julgadora.

O sexo é algo natural e fará parte da vida de um adolescente ao se tornar um adulto. Como dito no início deste capítulo, não é exclusividade da nossa era. Não adianta demonizarmos a sexualidade jovem, impondo mais um tabu. Novamente afirmo: cedo ou tarde acontecerá, mas torço para que quando acontecer, seja saudável e cuidadosa.

Se você ainda não conversou com seu filho ou sua filha sobre sexualidade e relacionamentos, desafio-te a fazer isso antes de ler o próximo capítulo. Falo sério! Converse sobre o assunto, esclareça as dúvidas, dê o suporte necessário, apoiando-o emocionalmente.

Um último ponto: os seus pais podem não ter conversado com você a respeito, mas o que te impede de fazer diferente?

Tenham uma boa conversa. Nos vemos no próximo capítulo.

CAPÍTULO 6: JOGOS E MÍDIAS SOCIAIS

Tratando-se de adolescência, não poderíamos deixar de citar os jogos eletrônicos e as mídias sociais, que estão em constante crescente nos últimos anos. Vivemos em uma sociedade cada vez mais conectada. O nosso cotidiano é repleto de novas tecnologias que foram criadas para facilitar as nossas tarefas diárias, bem como a maneira que nos relacionamos com o mundo.

Sendo um entusiasta das novas tecnologias, gostaria de registrar aqui uma posição que pode dividir opiniões, mas é justamente o que eu acredito: as novas tecnologias foram criadas para o bem, mas o mau uso que fazemos dela corrompe o seu propósito. Tudo que existe e foi criado tem uma finalidade positiva e abundante, mas o mau uso incoerente e a corrupção da natureza humana, acabaram por distorcer os propósitos da criação.

O problema não são as novas tecnologias e as mídias sociais, mas sim, como nós nos relacionamos as mesmas. O questionamento central não é o uso ou o consumo, mas os excessos. Lamentavelmente, vivemos em uma era onde é visível os exageros, sejam quais forem os âmbitos.

Será que o problema são os jogos e as novas tecnologias ou quem utiliza-as? Fica o questionamento.

A atual geração já nasceu conectada. Seria quase impossível imaginar um mundo onde os adolescentes não têm contato com as novas tecnologias.

Se pensarmos um pouco mais afundo, veremos que a geração dos anos 90 teve muito contato com os jogos eletrônicos. Lembra-se que antes do surgimento dos dispositivos portáteis, tínhamos os fliperamas ou "taitos" como eram chamados? Esses locais eram os pontos de encontros dos jovens, que se encontravam ali para jogar, fazer amigos e se relacionar com outras pessoas. Eram pontos de conexões.

Com o passar dos anos, houve o surgimento dos dispositivos portáteis. Devido a melhoria da economia, o desenvolvimento de promoções e a facilidade de acesso às classes mais baixas, a realidade dos dispositivos móveis (smartphones e tablets) e dos computadores portáteis (notebooks e ultrabooks) passou a estar presente em diversos lares.

Agora, temos em nossas mãos um dispositivo muito mais avançado do que aquele que levou o homem para lua pela primeira vez. Você se lembra de quando escrevia uma carta e levava dias até que a outra pessoa conseguisse recebê-la? Pois bem, isso ficou lá atrás. Hoje escrevemos uma mensagem de texto, um e-mail ou um "zap" e a pessoa pode responder-nos instantaneamente. Não é magnífico o potencial tecnológico?

Tratando-se mais especificamente dos jogos eletrônicos, eles têm dividido opiniões devido aos ataques ocorridos as escolas nos últimos anos. A questão gira em torno se eles podem ou não, influenciar alguém a cometer atos violentos. Dado isto, já faço a seguinte ressalva: os jogos só podem influenciar alguém que já tenha uma predisposição para tal.

Se fizemos um estudo aprofundado da história de vida dos jovens envolvidos nesses ataques, perceberemos que o contexto em que viviam foram agravantes para o ocorrido. A maioria tinha um histórico de *bullying*, violência intrafamiliar, negligência, abandono e outras experiências traumáticas.

Percebem que os jogos vieram bem depois? Seria muito reducionista da nossa parte, atribuir a responsabilidade para uma questão tão complexa apenas aos jogos. Se fizermos a avaliação dos perfis psicológicos desses adolescentes, quase que, invariavelmente, iremos notar algum traço característico de um dos possíveis transtornos de personalidade ou conduta.

Voltemos um pouco no tempo e reflitamos no teor de violência que existiam em alguns jogos popularmente conhecidos. Obviamente, não era violência explícita, mas havia um teor latente da mesma, onde havia uma fala natural, como por exemplo: *você precisa matar o chefão.*

Atualmente, os jogos mais famosos têm um teor de violência explícita também. Entretanto, os casos como os que têm acontecido em algumas escolas nos últimos anos, são isolados. Imagina se os adolescentes que jogam cometessem ataques às escolas, igrejas ou qualquer outro lugar? O mundo seria um caos, sendo necessário internar ou exterminar todos os jovens que jogassem.

Gostaria de fazer um paralelo. Nós homens gostamos muito de filmes de ação e de luta, certo? Por acaso, nós saímos por aí dando socos e pontapés nas pessoas aleatoriamente? Fazemos fugas alucinantes de carro? Somos fora da lei? Uma última pergunta: o que isso muda em relação a vida de um homem adulto? Você até pode pensar:

_ Ah! Mas ele já é adulto. Sabe distinguir às coisas.

Exatamente! Se considerarmos que o adulto consegue distinguir as coisas, precisaremos considerar que o adolescente que está passando por essa fase de transição, também conseguirá.

Os jogos, assim como os filmes e séries, são fantasias. E é isso que torna a nossa realidade mais suportável, pois traz leveza, sem contar que, é uma válvula de escape para a realidade caótica e conturbada na qual estamos inseridos. O adolescente pode encontrar nos jogos uma forma de fugir do mundo caótico de mudanças no qual está vivendo, bem como o descontrole biológico e psicológico que precisa enfrentar.

Ao olharmos para os jogos, no sentido simbólico, perceberemos que quando iniciados, você pode pausar e continuar depois - em alguns deles - e caso perca, pode resetá-lo, além de escolher o personagem que melhor se adequa ao seu estilo, conectando-o com outras pessoas e, por fim, é um momento de fuga da realidade.

Os jogos nos dão uma sensação de controle, poder, realização, mudanças controladas e ajustadas no meu tempo. Talvez, sejam o único lugar no qual os adolescentes conseguem ter ao menos a sensação de controle e, se der errado, poderão recomeçar sem julgamentos. Mas e a vida? Ela nos oferece esta oportunidade? Receio que não como nos jogos...

Se o adolescente não é capaz de distinguir a realidade da fantasia, então seja você o filtro que ele precisa. Caso seja necessário, joguem juntos. Entenda o significado que o jogo tem para ele e, neste caminho, faça-o perceber os excessos, prejuízos e impactos que causam.

O filho, na adolescência, é ofuscado pelas suas paixões. No entanto, o que lhe ofusca a visão só poderá ser percebido se você procurar aproximar-se. Um modo saudável de lidar com isso, é o estabelecimento de limites e de trocas equivalentes. Ao invés de deixar o seu filho jogar o tempo todo, atribua-lhe responsabilidades, delimitando horários e condições, tanto para os jogos, quanto para o cumprimento de tarefas estipuladas.

Seja a ponte de conexão entre o seu filho e a realidade. Lembre-se sempre, que é você o responsável pelo estabelecimento de limites. Por certo, se não queria que o seu filho jogasse, por que lhe deu um celular/tablet/computador/videogame? Talvez eu tenha soado um pouco duro agora, mas preciso que você entenda que não há nada de ruim em dar um aparelho eletrônico ao seu filho, desde que tenha ciência de ser o responsável em ensiná-lo sobre o uso.

Concordo que os jogos desenvolvem o raciocínio lógico

matemático, mas isso é insuficiente. Se não for aplicado diariamente, de que vale solucionar problemas complexos no mundo da fantasia? Se você não tem tempo, disposição ou paciência de ensinar o seu filho como usá-lo, talvez seja melhor não o presentear com tal aparelho.

Reafirmo mais uma vez; o problema não são os jogos, mas os excessos. A fantasia jamais substituirá a realidade. Para aqueles que passam tempo demais no mundo da fantasia (jogos), a realidade pode se tornar insuportável e, a partir daí, surge o adoecimento mental. Recentemente, a Organização Mundial de Saúde - OMS, reconheceu que os jogos eletrônicos podem gerar vício, assim como as substâncias psicoativas (drogas). Já parou para pensar que, talvez, você esteja exercendo o papel de "fornecedor de droga" para o seu filho?

Lembra-se daquela vez que o seu filho estava chorando e você deu a ele o celular/tablet a fim de pará-lo? Ou daquela vez, quando fora seu aniversário, que você o deu de presente um videogame? Ou quando não estabeleceu limites ou critérios para que jogasse? Pois bem, em todas essas vezes, pode ter contribuído para os excessos que tanto condenamos hoje.

Posso ter me exaltado um pouco neste tema. Caso sim, desde já, peço-lhe perdão, mas eu precisava que você olhasse para esta questão mais seriamente. Temos uma tendência natural de buscar culpados para problemas que podem estar sendo causados por nós mesmos. Desde o Éden, colocamos a culpa em outros pelos problemas que causamos.

Enfim, um último ponto sobre os jogos é: CUIDADO COM OS EXCESSOS.

Mídias Sociais

Antes de entrarmos no segundo tópico deste capítulo, gostaria de compartilhar alguns dados com você. Fiz um compilado de alguns coletados em pesquisas de grandes portais de tecnologia, como a TechTudo, Olhar Digital, bem como uma grande empresa de marketing digital; a Rock Content. Visto que, são dados de uma pesquisa de 2018, então, acredito que atualmente esse número tenha aumentado. Pois bem, vamos lá:

- 62% da população brasileira está ativa nas redes sociais;

- As redes sociais influenciaram nos resultados das eleições em 2018; 61% dos eleitores se informaram pelo WhatsApp, 57% pelo Facebook e 28% pelo Instagram;

As redes mais acessadas são:

1. Youtube (60%);

2. Facebook (59%);

3. WhatsApp (56%);

4. Instagram (40%);

Ainda temos:

- Com 130 milhões de usuários mensais em atividade, a rede social Facebook é a que possui o maior número de brasileiros;

- Já são mais de 2,2 bilhões de usuários ao redor do mundo, sendo 129 milhões deles por aqui. Isso coloca o Brasil como o terceiro principal usuário da rede social, atrás somente da Índia e dos Estados Unidos;

- 92% dos usuários acessam o seu *feed* pelo aplicativo mobile;

Em relação ao tempo nas redes sociais, temos:

- O brasileiro gasta, **DIARIAMENTE, 9 horas e 14 minutos navegando na Internet, através de qualquer dispositivo**. Somos o terceiro povo no mundo que passa mais tempo na rede. Em primeiro lugar, estão os tailandeses, com 9 horas e 38 minutos, seguidos pelos filipinos, com uma média de 9 horas e 29 minutos;

- **Com uma MÉDIA DIÁRIA de 3 horas e 39 minutos**

online em redes sociais, o Brasil ficou em segundo no ranking de tempo gasto nesse tipo de site, perdendo somente para a Filipinas;

Por fim, temos o ranking de quem mais passa tempo nas redes sociais, por faixa etária:

1. Entre 25 a 34 anos 32% = 19% (homens) e 13% (mulheres);
2. De 18 a 24 anos 27% = 16% (homens) e 11% (mulheres);
3. De 35 a 44 anos 16% = 9% (homens) e 7% (mulheres);
4. Idosos a partir de 65 anos;

Um fato curioso: não são os adolescentes quem mais passam tempo nas redes sociais, mas sim os adultos, E você aí achando que o problema se restringe apenas aos adolescentes, hein?!

Quanta informação, não acha?! Acredito que enquanto lia todos esses dados, ficou tentando olhar suas redes sociais algumas vezes. Não o culpo. Antes de escrever a segunda parte do capítulo, dei uma espiadinha às minhas também. Assim como nós, com os adolescentes não é diferente. Eles fazem exatamente a mesma coisa.

Estamos cada vez mais conectados virtualmente com as pessoas. Porém, a minha preocupação é quando nos desconectamos presencialmente delas. Em alguns momentos da vida, as redes sociais podem ser grandes vilões. Na adolescência elas têm um papel duplo: por um lado promovem alegria e conexão, mas por outro lado, comparações exageradas e autodepreciação.

As redes sociais promovem no adolescente alegrias e conexões, sendo elas obtidas através dos vídeos, curtidas e compartilhamentos de fotos ou postagens engraçadas. Quando o jovem consegue continuar aquela prosa - que na escola não foi possível - e agora se faz - obtém-se a finalidade do seu uso. Afinal de contas, é este o grande objetivo das redes sociais; conectar as pessoas.

Não podemos limitar as redes sociais apenas a isto, é claro, porém, elas também são fontes de transmissões de informações verdadeiras ou falsas. No entanto, as mídias sociais nos deixam a par do que está acontecendo localmente e globalmente. Por isso, se forem bem utilizadas, serão fontes excelentes de informações, sem contar que, conectam os jovens ao dia a dia do cantor ou influencer digital que admiram.

Por outro lado, sabemos que a parte sombria das redes sociais também existe. Nelas eu mostro apenas aquilo que quero que as pessoas vejam, e não o que realmente estou vivendo. Sempre escolho as minhas melhores fotos, querendo mostrar que estou nos melhores lugares, com as melhores companhias e comendo sempre a melhor comida.

As mídias sociais podem nos tornar pessoas narcisistas e adoradores compulsivos da nossa autoimagem. Nessas configurações, elas elevam o padrão de beleza e de vestimenta que deve ser seguido por todos. Se você não faz isso, é julgado, sendo taxado de "atrasado" ou "desatualizado".

O outro papel promovido pelas mídias é o de ser fonte de comparações exageradas e autodepreciação, apoiando-se ao lado sombrio das redes sociais, citado anteriormente. Os padrões elevados de beleza e imagem, geram uma angústia e descontentamento com o que eu realmente sou. Diante deste incômodo, podemos falsear a nossa realidade. Posso vender para as pessoas uma imagem minha totalmente contrária e, piorando ainda mais a situação, acreditar que sou verdadeiramente essa figura maquiada das redes sociais.

Particularmente, não sou muito fã de expor a minha vida privada e diária. Caracterizo-me como mais reservado, o que não me gera nenhum sofrimento. Afinal de contas, sempre estou olhando para quem eu sou e não para o que as pessoas acreditam que eu seja. Uma das posturas que arrebentam com um adolescente é a de sempre se comparar com os demais.

Já estou em uma fase de desconforto com as mudanças. Preciso aceitar o que está havendo com o meu corpo, adaptar-me ao meu novo mundo e tenho que ser igual a "fulano". *Olha lá, "fulano" está namorando, viajando, foi em tal lugar, está dormindo de pijama de golfinhos...* essas e outras futilidades ofuscam e oprimem a imagem que tenho de mim mesmo, distanciando-me da minha verdadeira essência - uma das causas do adoecimento mental.

Isso não vale apenas para os adolescentes, mas para você também. Cuidado com a exposição demasiada nas mídias sociais. Elas são excelentes lugares para aprendermos e nos conectarmos com as pessoas, mas podem ser péssimas referências para um adulto-jovem em desenvolvimento. Hoje, praticamente todo mundo está nas mídias sociais, mas isso não significa que este é o único lugar ao qual você precisa estar. Esteja presente também no mundo real. Assim como nos jogos, as redes sociais são apenas um recorte ilusório de uma realidade possível.

Tanto os jogos quanto as mídias sociais não vieram para nos distanciar, mas sim para aproximar-nos. Precisamos aprender a usar as novas tecnologias ao nosso favor. Colocá-las a serviço das nossas necessidades e não o oposto. Somos seres sociais, mas não apenas das mídias. Não deixe que elas tomem o lugar das conexões presenciais em sua vida.

Tire um tempo para conversar com o seu filho. Vão a uma sorveteria, pizzaria, etc. Deixem os celulares em casa. Olhem-se nos olhos e sorriam juntos. Desliguem a TV e peguem um jogo de tabuleiro. Deitem no sofá e fiquem ali, curtindo o ócio. Conversem sobre assuntos aleatórios, dando uma pausa no mundo externo para conectarem consigo mesmos. Compartilhem histórias, contem piadas, sei lá... só desconectem um pouco dos aparelhos eletrônicos e se conectem um ao outro. Acredite, não apenas o seu filho, mas você também, precisa.

As conexões presenciais com as pessoas não podem ser substituídas pelas conexões via mídias sociais, pois estas são complementares, mas não centrais. Assim como nos jogos, tome cuidado com o excesso.

Um último recado: não envergonhe seu filho ou filha colocando comentários sem nexo nas fotos deles. Isso é inaceitável. (kkkkkkk)

CAPÍTULO 7: SAÚDE MENTAL E EMOCIONAL NA ADOLESCÊNCIA

Talvez, esse seja um dos temas mais presentes no meu cotidiano e, claro, também na minha prática clínica. Grande parte do público que recebo em meu consultório, são adolescentes ou jovens que acabaram de sair da adolescência, e estão enfrentando os dilemas do mercado de trabalho e das responsabilidades da vida adulta.

Ao longo dos últimos 3 anos, foram inúmeras palestras, rodas de conversas e atendimentos clínicos para o público adolescente, e em todos eles o que mais observava eram os impactos das questões da adolescência, tanto na saúde mental, quanto emocional dos jovens.

Mais uma vez, preciso referenciar os dados da Organização Mundial de Saúde - OMS, visto que, seus relatórios apontam que 1, em cada 5 adolescentes de 14 a 17 anos, apresenta problemas de transtornos mentais.

A depressão tem sido considerada o mal do século, sendo ranqueada como uma das principais causas da incapacidade funcional. Isto é, de incapacitação para o trabalho, estudo e demais atos da vida social. O Brasil é considerado o país mais ansioso da América Latina. Por fim, temos o suicídio como a segunda maior causa de mortes de jovens entre 15 a 29 anos.

Diante de problemas sistêmicos como esses, ainda temos que ouvir que isso é "frescura", "faz só para chamar a atenção", "é falta do que fazer", "é falta de Deus", "isso é só para ganhar alguma coisa", e muitas outras. Essas e outras expressões ofensivas, precisam ser ouvidas por um adolescente diante do seu estado de saúde mental e emocional.

Como se não bastasse o desgaste energético, vivido para encarar as demais questões da adolescência, ainda preciso ser desrespeitado quando estou adoecido, precisando de apoio estrutural e emocional. O adoecimento mental é uma realidade. Ela pode deixar marcas ou até mesmo matar. Não falo isto para assustá-lo, mas para conscientizá-lo da seriedade com a qual precisamos encarar a saúde mental e emocional.

Você pode até dizer:

_ Mas na minha época, passávamos por coisas muito piores e não tínhamos esse negócio de depressão, ansiedade ou sei lá o quê.

Primeiro, a sua época também é agora, afinal de contas, ainda estamos vivos e podemos sim, passar por coisas que antes não havíamos vivido.

Se você está lendo este livro depois do ano de 2020, pode pensar nas surpresas que tivemos com a pandemia mediante ao surto do novo coronavírus; a Covid-19. Ninguém esperava, mas aconteceu e precisamos nos mover rapidamente para superá-lo. Enquanto escrevo este livro, o surto ainda não foi controlado no país, pois ainda não fora descoberta a cura. Neste ponto, sabemos até então que a melhor forma de lidarmos com um problema invisível é a prevenção e o autocuidado.

Tratando-se do adoecimento mental não é diferente. A melhor forma de lidar com esses problemas é a prevenção e ação imediata mediante ao surgimento dos primeiros sintomas. Infelizmente, temos o hábito de só reagirmos quando algo nos afeta ou quando o problema já está instaurado, começando a fazer estragos e trazer prejuízos.

O nosso modelo de atenção em saúde ainda é muito mais intervencionista do que preventivo. Isso é um reflexo do inconsciente cultural que nos envolve. Somos especialistas na arte do "deixar para depois". Mas até quando precisará ser assim?

Se porventura tivéssemos encaminhado para o acompanhamento a maioria dos casos de depressão, ansiedade e suicídio que ocorreram, mediante ao aparecimento dos primeiros sintomas, teríamos prognósticos dois ou três vezes mais positivos. Quando recebo um adolescente em meu consultório, sempre faço esta pergunta: como não fora percebido antes?

Citei anteriormente que o humor do adolescente, naturalmente, pode ser mais irritado ou triste, como chorar copiosamente todos os dias, ter medo de sair de casa ou morrer, automutilar-se, viver trancafiado no quarto, não socializar, ficar dias sem comer, provocar vômito, ter sempre uma imagem distorcida de si, entre outros inúmeros fatores. Sendo eles de alerta, podem sim indicar um risco futuro. Neste sentido, refaço o questionamento: como não fora percebido antes?

Vivemos em uma era que para algumas pessoas, perguntar ou falar sobre sentimentos e emoções é quase uma ofensa. No imaginário popular, quem fala sobre sentimentos e emoções é uma pessoa fraca. Os padrões rígidos, estabelecidos no tradicionalismo das gerações anteriores, ainda resistem com o intuito de serem empurrados goela abaixo sem as adaptações necessárias.

Afirmo mais uma vez; sou um entusiasta das novas tecnologias, mas a era da informação trouxe também um distanciamento afetivo entre as pessoas. As relações passaram a ser mais superficiais. Estamos presenciando o assassinato lento e gradual da empatia - capacidade de se colocar no lugar do outro. Fora que, ainda temos que lidar com a banalização dos sentimentos e emoções.

As formas ofensivas e pejorativas que as pessoas usam quando se referem a alguém que está adoecido, como citado anteriormente, configuram em um cenário ativo para o adoecimento mental de um adolescente em fase de transição. Como conseguiria não adoecer em um ambiente assim?

Vimos até aqui as mais distintas questões da adolescência. Caso algumas delas não sejam vivenciadas de modo assertivo, poderão gerar o adoecimento. Adolescentes que precisam seguir padrões muito rígidos de comportamentos, sendo reféns dentro da sua própria casa, reprimidos sexualmente, que jogam ou estão conectados compulsivamente às mídias sociais e, além desses aspectos, também temos a falta de empatia da sociedade para escutar e compreender os dilemas vividos por esses adolescentes. Como falar que isso não impacta a vida de alguém?

Não quero estender muito nos pormenores de cada um desses aspectos, mas em linhas gerais, o não reconhecimento de si mesmo e a hesitação diante da vida, são os pilares centrais do adoecimento mental, não apenas na adolescência, mas na vida como um todo.

O não-reconhecimento pode levar uma pessoa a ter uma imagem distorcida de si mesmo e, por consequência, desenvolver complicações, como:

- **Transtorno Depressivo** - que de modo simbólico, representa um movimento de se voltar para si mesmo, aproximar-se do seu verdadeiro eu, da sua essência. A energia psíquica e/ou vital, volta-se para dentro, fazendo com que nada do que está fora seja interessado. Ou seja, a perda do interesse pelo mundo externo e o contato demasiado com o seu lado sombrio (suas emoções, pensamentos e sentimentos negativos);

- **Transtorno Alimentares** - os mais comuns são a anorexia e bulimia, no caso das meninas. Já no caso dos meninos; a vigorexia (malhar compulsivamente). Existe uma distorção e não aceitação da sua autoimagem, o que gera uma angústia tremenda, podendo levar a outros sintomas e comorbidades, como os transtornos ansiosos, depressivos ou de personalidades. O adolescente pode não lidar muito bem com as mudanças ocorridas em seu corpo, ficando fixado em mudar essa condição. O excesso também pode levá-lo ao adoecimento;

- **Transtorno de Personalidade** - que pode ou não estar associado às condições citadas anteriormente. Ele pode representar uma transgressão patológica dos padrões preestabelecidos socialmente, colocando o adolescente em conflito com a lei, com as instituições e consigo mesmo. Entre os mais comuns, teríamos o Transtorno de Personalidade Borderline (ou limítrofe), o Transtorno de Conduta (muito presente em adolescentes em conflitos com a lei) e o Transtorno de Personalidade Antissocial (que é a "evolução" do Transtorno de Conduta e só pode ser diagnosticado quando o adolescente fizer 18 anos);

Quando olhamos para o outro pilar ou núcleo do adoecimento mental dos adolescentes e jovens, temos apenas um transtorno que se subdivide em várias classes: **os Transtornos Ansiosos.** Eles podem ser subdivididos em: Ansiedade Generalizada; Fobia Social (medo de se expor e ser julgado); Fobias Específicas (medo de animais, insetos ou situações traumáticas); Agorafobia (medo de lugares abertos, com muitas pessoas e com risco de passar mal ao ser ajudado); Transtorno do Pânico (medo de morrer ou em outras palavras, medo de ter medo); e por último, a Hipocondria (o grau máximo da ansiedade, a mania de doença).

Faço aqui uma importante observação: as pontuações feitas anteriormente, estão pautadas à minha prática clínica. A grande maioria dos casos que recebo no consultório, estão relacionados às diferentes nuances desses núcleos centrais. Claramente, existem outros agravantes para o adoecimento mental e emocional na adolescência.

Lembrando que, os transtornos citados anteriormente precisam ser diagnosticados por um profissional de saúde mental - psicólogo ou psiquiatra. Ao observar os sinais e sintomas característicos de alguns deles, não hesite em procurar um psicólogo e/ou psiquiatra. Como eu disse, a minha recomendação é primeiro um psicólogo.

Não é puxando a sardinha para os psicólogos, mas pela minha experiência, o tratamento pode ser mais efetivo assim. Acrescento que, todo tratamento psiquiátrico - com medicação - precisa se sustentar em um tripé: medicamento, psicoterapia e mudanças de hábitos, começando pela atividade física.

Acredito que você pode ter se assustado agora com a diversidade de problemas que podem surgir na adolescência, tratando-se da saúde mental e emocional. Não precisa ter medo, como eu disse: eles PODEM surgir na adolescência. É uma possibilidade. Isso não significa que todo adolescente tenha um tipo de transtorno mental. É importante pontuar que todo ser humano tem em si algumas características que estão presentes em algum tipo de transtorno, porém, apenas significa que somos "normais" - não gosto muito dessa palavra, prefiro dizer "naturais". Aquilo que é considerado não-natural é o que nos adoece.

Para que você possa ficar mais tranquilo, acrescento que ao longo dessa fase de transição, é comum aparecer alguns sinais e sintomas característicos de um transtorno mental. É nesse momento que você precisa ter a sensibilidade de escutar o seu filho, acolher a sua demanda e dar-lhe um direcionamento, qual seja; procurar um médico ou um profissional de saúde mental. Escreva isto e cole na sua geladeira: "A MELHOR FORMA DE PREVENÇÃO É A INFORMAÇÃO!"

Busque se informar direto na fonte, ou seja, com seu filho. Procure pelo que está acontecendo no seu mundo interno, sem julgamento ou opiniões negativas. Após transformar essa informação em conhecimento, aplique-o na prática e resolva o problema. Às vezes, você pode não dar conta de tudo, mas então surgem os profissionais para ajudá-lo.

Psicólogo e/ou psiquiatra não são caros. Caro é adoecer. Caso seja preciso, procure por ajuda você também, para compreender como lidar melhor com as questões da adolescência. Eu sei que elas são inúmeras, mas acredite, você não está só, têm muitas pessoas boas dispostas à ajudá-lo. Eu por exemplo, sou uma delas.

Acredito que o método mais eficaz de prevenirmos o adoecimento na adolescência é FALAR! Pode parecer algo simples e vago, mas se o seu filho conseguir falar sobre o que ele está sentindo, já terá meio caminho andado. Caso ele já esteja com algum sinal ou sintoma de transtorno, o profissional de saúde se incumbirá do restante.

Acredite e, talvez, você me veja repetir isto novamente, que é preciso criar um espaço de diálogo aberto, onde você e o seu filho ou filha possam falar abertamente sobre tudo. Desde o corte de cabelo da tia que ficou horrível até ao tom dos lábios do "crush". Afirmo mais uma vez, seja amigo e parceiro do seu filho.

Permita que eles se abram com você. Adianto-lhe que isso só acontecerá quando você conseguir se esvaziar de si mesmo para se auto preencher dele. Coloque de lado os seus julgamentos e conceitos a fim de tentar olhar o mundo com os olhos de um adolescente.

Esse é o movimento sociológico de *"epoché"* ou suspensão do juízo. Coloque de lado o seu "juízo" e mergulhe no mundo do seu filho. Como você é um mergulhador experiente, não irá deixar o seu equipamento desprendido da superfície. Mergulhe! Explore! Compreenda! E só depois retorne a superfície para digerir todas as coisas presenciadas.

Um adolescente tem a necessidade de vivenciar as diferentes nuances das nossas principais áreas da existência: lazer, atividades físicas, família, relações sociais/afetivas, profissional, espiritual e financeira. É preciso ter o equilíbrio entres tais e as nossas esferas de relacionamento, sejam elas a interpessoal (com outras pessoas), a intrapessoal (consigo mesmo) e a extrapessoal (com a natureza e divindade).

Lembre-se da Pirâmide das Necessidade de Maslow, onde por ordem de prioridade temos as necessidades:

- **Fisiológicas:** alimentação, sono, repouso, abrigo, desejo sexual e etc.;
- **Segurança:** casa, família, emprego e etc.;
- **Sociais:** amizades, fazer parte de uma comunidade, trocas afetivas e etc.;
- **Estima:** autoconfiança, aceitação, status, respeito e etc.;
- **Autorrealização:** realização do próprio potencial, do si mesmo e autodesenvolvimento;

Precisamos atender às diversas necessidades, estabelecendo um equilíbrio, afinal de contas, a cada necessidade atendida, liberamos mais energia para atender as superiores.

O conceito de saúde, segundo a OMS é: um completo estado de bem-estar nos âmbito Bio-Psico-Sócio-Espiritual. Estando qualquer ser humano saudável fisiologicamente, isto é, alimentando-se bem, dormindo, fazendo atividades físicas e descansando, estabelecendo boas relações sociais, fazendo parte de uma comunidade e família, relacionando-se bem consigo mesmo, com o próximo, com suas emoções e sentimentos, e por fim, tendo uma relação com a natureza e divindade, assim, dificilmente adoecerá. Vai por mim; isso aumentará sua imunidade que nem mesmo um resfriado será capaz de pegá-lo.

Sejamos mais empáticos, buscando compreender as necessidades de um adolescente. Lembre-se: ELES TAMBÉM SÃO GENTE! Então, sendo "gente" como a "gente", não se esqueça que também têm necessidades e caso elas não sejam atendidas, poderão adoecer.

Torço por uma sociedade com mais diálogo e saúde mental, porém, para que isto ocorra, faz-se necessário que cada um faça a sua parte. Aprendam a lidar com as suas emoções e, assim, poderão compreender as emoções e sentimentos dos outros, a fim de se ajudarem a melhorar.

Você pode não acreditar, mas eu torço para um mundo onde psicólogos não sejam mais "coisas de doido", mas sim, de gente saudável e autorrealizada. Espero que meus filhos e netos vivenciem este mundo.

Fiquem com esta imagem em suas mentes. Vejo-os no próximo capítulo.

CAPÍTULO 8: ESCOLHA DE CARREIRA

Grande parte das dúvidas dos adolescentes estão relacionadas ao que farão após o término do ensino médio. Nessa etapa, pais podem exercer uma pressão exagerada nos seus filhos e, por consequência, podem tomar decisões que no futuro irão se arrepender.

Já te adianto que, nessa etapa da vida, neurologicamente falando, o adolescente é incapaz de tomar decisões complexas. O neocórtex - parte do cérebro responsável pelo raciocínio lógico e operações complexas - ainda está em sua fase final de desenvolvimento. Quanto mais pressionado se sentir, mais propenso ficará a tomar as piores decisões. Nesse ponto, iremos perdoar os adolescentes pelas irresponsabilidades e atos impulsivos, afinal de contas, é uma condição neurológica.

Durante muitos anos, acreditava-se que para ser bem sucedido, era preciso ter uma profissão de prestígio como médico, engenheiro ou advogado. Na prática, não é bem assim. Com o surgimento de novas profissões, sendo elas mais criativas, fluidas e menos técnicas, acredito que o prestígio agora esteja em fazer aquilo com o qual identifica-se.

Obviamente, ser médico, engenheiro ou advogado são profissões fantásticas, mas não são as únicas dentro do sinônimo de ser bem sucedido. Já presenciei diversas pessoas que fizeram o curso dos sonhos, completamente frustradas por não se identificarem, devido a pressão e exigência dos pais. Conheci profissionais que não gostavam daquilo que faziam, pois buscavam apenas o prestígio e o retorno financeiro trazido pela profissão, ocasião em que os levaram a se tornarem péssimos profissionais.

Conheci, ao longo de minha graduação, um colega que, logo no segundo período da faculdade, quando nos perguntaram a razão de termos escolhido o curso, respondeu: *"porque quero rachar de ganhar dinheiro!"* Pobre inocente! Mal sabia o que estava por vir. Ele concluiu a faculdade. Estivemos juntos na formatura e hoje, quando nós conversamos, percebeu que não tinha a menor ideia do que estava falando. Alguns outros, nem sabiam porque estavam ali e, pouco a pouco, foram abandonando o curso.

Dos 60 alunos que começaram comigo, apenas 19 seguiram até ao final. Uma estatística muito alta, considerando que éramos três turmas do primeiro período com quase 180 alunos, e ao final formaram menos da metade.

Essa é uma realidade. A jornada acadêmica é árdua, exige muitos sacrifícios e resiliência. Ao entrar em um curso sem um propósito, ficamos suscetíveis a trancar a faculdade e, talvez, não tenhamos motivos para voltar. Pensar apenas no retorno financeiro é uma ilusão.

O retorno financeiro e prestígio trazido por uma profissão, em minha visão, oriunda mediante a quantidade de problemas que você consegue resolver. Dito de outra forma, você será bem sucedido quando agregar valor à vida das pessoas. Ou seja, é o resultado do valor que você agrega à vida de alguém.

Não adianta você estar em um bom curso, acreditando que isso é garantia de um bom futuro. Não me lembro de onde está escrito que será a sua faculdade quem irá garanti-lo. Segundo minha experiência, a faculdade fornece ferramentas e alguns possíveis caminhos para suas realizações futuras. Esses caminhos não são fixos, podem mudar ao longo do tempo.

Se pensarmos bem, alguns dos homens mais bem sucedidos

da atualidade abandonaram a faculdade, como por exemplo Bill Gates - fundador da Microsoft - e Mark Zuckerberg - dono do Facebook, Instagram, WhatsApp e outras empresas de tecnologia. Pensando apenas nesses dois nomes, acha mesmo que fora a faculdade que os fizeram ser bem sucedidos? Acredito que o seu filho já pode ter usado essa afirmação contra você, por isso, poupá-lo-ei de outras afirmações dessa natureza.

Intitulei esse capítulo como "Escolha de Carreira" para entendermos que isso não é algo que depende de um curso superior. Particularmente, compreendi ao final da faculdade que para chegar ao nível de consciência atual, não precisava ter passado cinco anos na faculdade. Talvez, se eu tivesse investido esse tempo em outras atividades transversais, teria atingido o meu objetivo de forma mais rápida. Mas, adivinha só, precisei passar pela faculdade para entender isso.

Sou muito grato pelos aprendizados que obtive ao longo da minha graduação. Não foram conhecimentos apenas técnicos, mas conhecimentos para a vida, dos quais jamais esquecerei.

_ Tudo bem! Entendi que não é a faculdade que garante o sucesso, mas então qual seria a sua finalidade?

Digamos que você esteja perguntando isso agora. Bom, de modo resumido, digamos que a vida seja um mapa enorme e você não sabe onde ir. Está perdido. Nesse âmbito, a faculdade se apresentará como uma bússola a fim de direcioná-lo para um objetivo final. Entretanto, quando você chegar nesse ponto - que é o fim da faculdade - perceberá que existem muitas terras inexploradas, nas quais precisará usar tudo o que fora aprendido para seguir a sua jornada nesse novo mundo; o mundo profissional.

Atualmente existem muitas carreiras que não precisam de um curso superior. A faculdade é apenas um dos caminhos. No meu caso, se eu fosse escolher algo para começar agora, começaria por um curso técnico. Além de ser mais curto - dura de um ano e meio a dois - é totalmente voltado para a prática, sem contar que possui boa empregabilidade. Nesse período, usá-lo-ia como experimento, a fim de descobrir se realmente se trata do que quero fazer pelos próximos anos.

Às vezes, um curso superior de quatro ou cinco anos tem muita teoria - o que gera um desgaste desnecessário no aluno - e pouca prática. Obviamente, os estágios contribuem para essa complementação e para a aplicação da teoria na prática. Peço sua licença agora, para fazer uma crítica social: algumas das matérias que compõem o currículo acadêmico, são apenas para atenderem as exigências do Ministério da Educação e Cultura - MEC, mas tratando do curso em si, só cumprem tabela. Compreendo que isso é uma forma de padronizar e parametrizar os cursos superiores no país, mas já parou para pensar no tempo que um aluno de curso superior poderia ganhar se o seu curso não tivesse esses penduricalhos?

Não estou querendo jogar um balde de água fria nos sonhos de ninguém. Gostaria apenas que você ampliasse a sua visão em relação a escolha de carreira. Um fato importante, que não posso deixar de citar, é que a escolha de hoje pode não significar a escolha de amanhã. Isso mesmo que você entendeu. Optar por uma carreira hoje não significa que será eterno. Você poderá mudar ao longo do tempo até encontrar a que melhor se encaixe com quem é.

Estamos em constante desenvolvimento e aprendizado. Não precisamos ficar engessados e sermos infelizes com uma profissão que nem se quer foi escolha nossa.

Desejo que entenda; não são os pais quem devem fazer a escolha de carreira do filho, mas sim, ambos. Você pode participar do processo de decisão, incentivando-o, buscando referências, estudando juntos, mas sempre colocando em evidência que a decisão final é dele e não sua. Afinal, não é você quem irá viver dessa profissão pelos próximos anos, então permita que o seu filho possa decidir-se.

Como eu disse, o adolescente ainda não é capaz de tomar decisões complexas, mas você pode auxiliá-lo. Lembra-se de quando o seu filho estava aprendendo a andar? Você segurava a mãozinha dele durante os primeiros passos, mas quando ele conseguia equilibrar-se, vagarosamente soltava-o, contemplando a sua primeira caminhada sozinho. No início, era ele quem decidia para onde ir, e você apenas apoiava-o. Logo, quando começou a andar sem qualquer auxilio, você passou a ser apenas um observador, supervisionando-o para que, caso caísse, estaria ali para segurá-lo. Por quê agora seria diferente?

A escolha de uma carreira acontece a passos lentos. No início, o seu filho precisará de apoio, mas chegará o momento que deverá se equilibrar sozinho, ou seja, caminhar com as próprias pernas. Assim como a criança cai ao aprender a andar, o adolescente também. Não podemos vencer todas e acertar de primeira. Se quando ele era criança você lhe fornecia esse suporte, por que não continuar?

Sei que às vezes, nós pais, temos o desejo de ver os filhos realizarem os sonhos que não conseguimos realizar, mas quem disse que ele precisa viver os seus sonhos? Onde ficam os sonhos e objetivos deles? Alguns de nós podem ter sido frustrados em nossas carreiras e, dado isto, queríamos seguir outro caminho, porém, ocorreu dos nossos pais não permitirem ou não tiveram condições para tal. Não sobrecarreguem os filhos colocando sobre os seus ombros os sonhos e desejos irrealizados que são seus. Permitam-nos decidirem.

O fato de não fazer um curso superior não significa que o seu filho será um fracassado. Por exemplo, temos várias carreiras que não exigem isso, como maquiadora, digital influencer, youtuber, modelo, programador e diversas outras. Algumas empresas não exigem formação superior, apenas conhecimento técnico. Neste contexto, instruo-o a não limitar a carreira do seu filho a um curso superior, pois isso não é garantia de trabalho.

Conheço inúmeras pessoas com diploma, mas não atuam

em suas respectivas formações. Por exemplo, um engenheiro que é dono de supermercado, uma médica que atua como consultora de moda, um jornalista que ganha a vida como *youtuber*, um advogado que tem uma hamburgueria artesanal, dentre vários outros exemplos.

Consegue perceber que o seu diploma não é sinônimo de sucesso? Às vezes pode ser uma massagem no ego, um título ou fato para ostentação. Imagino que deva ser uma sensação muito boa! Será? Imaginamos o seguinte diálogo:

- **João**: Eu sou formado em...
- **Mariana**: Ah! Mas você atua?
- **João**: Não. Apenas fiz a faculdade mesmo.
- **Mariana**: Entendi, mas valeu a pena?
- **João**: Acredita que não sei?! Nunca gostei muito do curso. Fiz mesmo porque disseram que era bom e dava dinheiro. Além do mais, era o que os meus pais queriam.
- **Mariana**: Não foi um desperdício de tempo e dinheiro?
- **João**: Na verdade, não. Foram meus pais que pagaram, então, para mim não faz diferença. Só quis dar orgulho a eles.

Este é um diálogo hipotético, que pode inclusive estar acontecendo neste exato momento em algum lugar. Acredita mesmo que vale a pena investir tempo e dinheiro em algo no qual o seu filho não se identifica?

Um curso superior demanda um grande investimento de tempo, esforço, recursos - financeiros e emocionais - e de resiliência. É justificável investir tudo isso em vão?

_ Ah! Mas meu filho vai para uma faculdade pública, então isso não importa.

Como não?! São os nossos impostos que custeiam a estadia

dele lá. Estamos investindo, você e milhares de outros brasileiros. Se você soubesse que um aluno não se identifica com o curso, estando ali apenas pelo diploma, pagaria sua despesa mesmo assim? Acredito que não, certo?

Pense muito bem antes de pressionar o seu filho para fazer uma faculdade. É necessário ter clareza do que deseja fazer. Dê-lhe a oportunidade de tomar essa decisão, oferecendo-o apoio.

Lembra-se dos trapezistas de circo? Na maioria dos espetáculos, logo abaixo dos trapézios, tem uma enorme rede para segurá-los, caso façam algum movimento errado. Essa deveria ser a postura dos pais; estar ali para segurar e apoiar o filho caso ele "caia".

Desde o início da minha atuação, acompanho adolescentes nesse processo de tomada de decisão. Como uma forma de auxiliar você e o seu filho, gostaria de compartilhar aqui o conteúdo de uma das minhas palestras que mais gosto. Ela tem por tema: "sonhos, propósito e responsabilidade." Iremos falar adiante, no próximo capítulo. Essa discussão não se encerra por aqui, pelo contrário, talvez, com base em minha trajetória e decisão de carreira, poderei ajudá-lo a guiar o seu filho para o caminho da auto descoberta de si mesmo.

CAPÍTULO 9: SONHOS, PROPÓSITO E RESPONSABILIDADE

Prosseguindo com a nossa discussão sobre escolha de carreira, gostaria de compartilhar um breve relato da minha trajetória até aqui. Não tenho a menor pretensão de mudar a sua visão, mas peço, gentilmente, que leia atentamente, pois pode ajudá-lo nas demais situações.

Pode não acreditar, mas eu tive muitas dúvidas sobre qual carreira seguiria. Levei um ano após o término do ensino médio, para decidir-me. Deixei o ano de 2012 para descobrir-me. Viajei para Goiânia, capital do estado de Goiás, onde comecei a trabalhar em uma grande empresa. Também conheci pessoas e lugares maravilhosos, dos quais testifiquei grande diversão. Finalmente, após esse período, estava decidido. Ao final desse ano, tomei a decisão de ser psicólogo, mas no início não fora bem assim.

Para começar, preciso esclarecer que quando tomei essa decisão, na minha família não havia nenhum membro com curso superior. Até então, ainda não tinha tido contato com um psicólogo ou algum estudante da área.

_ Entendido! Mas então, como decidiu ser psicólogo?

Logo entenderá.

O meu primeiro contato com alguns conceitos de psicologia, deu-se no terceiro ano do ensino médio, por meio de um professor de filosofia que estava ministrando sobre Freud e a Psicanálise. Identifiquei-me com a teoria, bem como com a forma de trabalho de Freud. No entanto, não fora apenas isso que me levou a escolher a psicologia.

Ao longo de 2012, em Goiânia - GO, comecei a refletir sobre o que poderia fazer. Na verdade, o meu grande sonho, ao final do ensino médio, era conseguir um trabalho ao qual eu identificasse, apaixonar por alguém, comprar um terreno, construir uma casa, adquirir um carro, uma moto e ser pai de três filhos. Este era o meu grande sonho; ter uma vida pacata e ser feliz ao lado da família que construiria. Em resumo, o meu foco era ter uma família. Hoje, particularmente, posso afirmar que ele fora concretizado.

Naquele período, fui tomado por um incômodo muito grande. Por diversas vezes, perguntava-me: é realmente isto que quero agora? Não farei nada grandioso em minha vida? Não que eu esteja diminuindo quem pensa assim, mas tinha o intuito de fazer mais. Acreditava que podia e queria ser mais. Os meus pais nunca me incentivaram a fazer faculdade, porém, eles nunca me desincentivaram. Sempre contei com o apoio da minha mãe. Ah! Vale ressaltar também, que os meus pais são divorciados há quase vinte anos, e mediante a isto, meu pai nunca foi presente em minha vida, então naquele momento a opinião dele não fazia diferença.

Para ser sincero, o meu sonho era ser caminhoneiro, depois pensei em ser professor de história, filósofo ou sociólogo, mas ao fim, acabei me tornando psicólogo. No final das contas, encontrei todas as áreas citadas anteriormente na grade do curso de psicologia.

Acredito que esteja perguntando-se:

_O que caminhoneiro tem a ver com psicólogo?

À primeira vista; nada. Porém, se formos mais a fundo, veremos que assim como o caminhoneiro, o psicólogo transporta cargas valiosas. Com a chegada dessas cargas, ele pode alegrar e satisfazer as necessidades das pessoas. Ambos são viajantes solitários, amam a estrada ou natureza humana, sendo fascinados pelos tesouros e belezas naturais que elas têm.

Optei pela psicologia por todas as coisas que descrevi anteriormente, mas como sou um curioso crônico, quando comecei a faculdade, passei a pensar como havia escolhido uma profissão que se encaixava tão bem com o meu jeito de ser.

Sempre fui um menino muito reservado. Ficava calado, quieto na minha, mas sempre observando tudo a minha volta. Falava muito pouco, mas percebia que quando fazia, era sempre algo certeiro e que surpreendia os ouvintes pela maturidade das palavras. Durante a adolescência, entre os meus 14 aos 16 anos, cheguei a ser um conselheiro amoroso, como aquele do filme *"Hitch - Conselheiro Amoroso"* com Will Smith.

Alguns colegas, tanto meninos quanto meninas, sempre me contavam e pediam opiniões sobre os seus relacionamentos atuais e futuros. Em minha sabedoria de um adolescente de 14 anos, observava os casais no recreio, fora da escola, em festas e eventos, com o intuito de tirar minhas conclusões. No meu interior, já havia desvendado o código dos relacionamentos, qual fossem carinho, diálogo e atenção.

Quando um colega me perguntava sobre o que deveria fazer para conquistar tal pessoa, eu era certeiro e dizia exatamente o que deveria fazer. O mais incrível, é que na maioria das vezes, dava certo. Claro! Errei algumas vezes, mas aprendi com esses erros, passando a observar ainda mais os relacionamentos.

As meninas me procuravam quando estavam com os corações partidos e eu, com toda a minha delicadeza - naquela época era mais amável, hoje nem tanto - ouvia o que elas tinham a dizer, oferecendo o meu ombro amigo, para que pudessem chorar e desabafar. Ao final, conversávamos sobre os seus relacionamentos, oportunidade na qual eu oferecia alguns "conselhos", que na grande maioria das vezes, também eram certeiros.

Nesta idade, eu já falava de autoconhecimento, autovalorização, autoestima, amor próprio e vários outros assuntos que os demais adolescentes nem sequer se davam conta. Era muito maduro e responsável para minha idade. Até mesmo os adultos gostavam de conversar comigo sobre coisas da vida. Caracterizava-me como um rapaz jovem, porém, com uma sabedoria além do meu tempo.

Foi difícil entender isso, mas quando entrei na faculdade, percebi que desde sempre era um bom ouvinte. Logo, cheguei à conclusão que eu já era um projeto de psicólogo antes mesmo de entrar na faculdade. Às vezes brinco, dizendo que só fiz a faculdade para transformar a minha aptidão natural em uma carreira rentável.

Entendi que o meu processo decisório estava pautado em três pilares: sonhos, propósito e responsabilidade.

Sonhos

Compreendi que o pano de fundo da minha carreira estava naquilo no qual gostaria de ser. O alicerce da minha profissão era o que imaginava fazendo no futuro, mesmo que isso ainda não estivesse claro.

No entanto, cada um dos meus sonhos, desde a infância, estavam se conectando e formando o quadro da carreira de psicólogo. Neste caminho, aconselho-o, a incentivar o seu filho a sonhar. Pergunte-o sobre o que deseja ser quando crescer. Sobre o que gostaria de fazer, e como se imagina no futuro. Todas essas respostas deverão ser combinadas a fim de se transformarem em um propósito.

Propósito

Quando olhamos para o nosso interior, temos respostas mais completas sobre quaisquer questões da vida. Uma das perguntas mais profundas que podemos nos fazer durante a infância e a adolescência é a seguinte:

_ O que quero ser quando crescer?

Quando você observa os seus sonhos, desejos e fantasias, eles tendem a se combinarem e, assim, transformam-se em um objetivo, uma razão para existir.

O segundo pilar da decisão de carreira, seja ela em qualquer momento da vida, começa na observância do quanto isso o mobiliza a fazer o melhor. Quando existir essa clareza, começará a enxergar o mundo de uma forma mais profunda, trocando a expressão "por quê?" pelo "para quê?".

Comece a refletir sobre a finalidade e não sobre a causa de suas ações. Qual o intuito do que está fazendo? Verdadeiramente está conectado com isso? Faz sentido? Torna-o uma pessoa melhor? Se porventura conseguir responder a esses questionamentos com respostas mais completas do que "sim" ou "não", você terá um propósito, e sua meta em diante será fazê-lo funcionar.

Responsabilidade

Você já sonhou. Já refletiu sobre aquilo que gostava de fazer e era bom. Conseguiu entender o quanto está conectado com esse objetivo e como lhe faz sentido. Agora, você precisa assumir a responsabilidade de fazer acontecer. Tomar as rédeas e a direção da sua vida. Assumir os riscos. Ir lá e fazer.

Se o que você deseja, mobiliza-o e faz sentido, então faça acontecer. Seja uma faculdade, administrar os negócios da família, intercâmbio, empreender ou qualquer seja o sonho, torne-se responsável por fazer acontecer. Afinal de contas, ou você assume a responsabilidade de fazer o seu sonho acontecer, ou será pago para realizar o sonho de um outro alguém.

Jamais devemos esperar as condições de clima e temperatura favorável para realizar alguma coisa. É preciso nos mobilizarmos a fim de sermos responsáveis pela realização dos nossos propósitos. Trabalhe, estude, viaje, divirta-se, curta sua vida, mas jamais se esqueça que você está aqui por uma razão. Existe um propósito bem maior para sua existência, então o faça acontecer.

Todos temos sonhos ou uma razão para existir, porém, poucos assumem a responsabilidade de ir lá e fazer. Não sejamos matadores de sonhos, mas sim, incentivadores. Sejamos a rede da vida na nova adolescência para que eles possam se apoiar em nós, a fim de alcançarem lugares mais altos.

Não importa qual carreira o seu filho decida seguir, preocupe-se apenas em ter a convicta certeza que ele se identificará, estando bem com o que fará. Mesmo que seja uma carreira na qual você não vê valor e futuro algum, ainda sim, prefira vê-lo feliz ao invés de amargurado por trilhar um caminho no qual não gostaria de estar.

Aproveitando o oportuno, quero lembrá-lo de algo muito importante: você pode viver a vida junto com o seu filho, mas jamais conseguirá viver por ele. Lide com os seus conflitos internos, não permitindo-os de serem pedras de tropeços na realização do propósito dele. Saiba que você ainda tem a oportunidade de realizar os seus sonhos e propósitos, indiferente da sua idade. Afinal de contas, enquanto existir vida, existirá a possibilidade de mudança.

Tenho uma teoria que me acompanha desde o final da adolescência. Leia-a com atenção: desejo que todas as pessoas a minha volta sejam felizes, pois, quanto mais pessoas felizes estiverem ao meu redor, menos pessoas atrapalharão o meu caminho durante a busca pela felicidade. Permita que o seu filho voe e possa ser feliz com aquilo que acredita. Seja o que for, apenas permita.

Sonhe. Encontre o seu propósito. Assuma a responsabilidade por fazê-lo acontecer. Nunca se esqueça desses pilares, visto que, irão facilitar muito o processo decisório, não apenas do seu filho, mas também de você; pai e mãe.

CAPÍTULO 10: GRATIDÃO

Estou feliz que tenha chegado até este capítulo, mas infelizmente, a nossa jornada pelas questões da adolescência se encerra aqui. Talvez, em um segundo livro, poderemos discutir mais algumas questões. No entanto, por agora, acredito que seja o essencial.

Como percebemos, a compreensão da adolescência vai muito além da rebeldia ou da escolha de uma carreira. Ela é um processo complexo, permeado por várias questões que precisam ser encaradas de modo integrado. Separar alguma dessas questões como fiz ao longo do livro, é apenas para fins didáticos. Na prática, todas estão acontecendo ao mesmo tempo.

Mesmo sem querer, identifiquei-me cada vez mais com a nova adolescência. Talvez, por ter saído dela a pouco tempo ou por acreditar que uma adolescência saudável prediz ao início de uma vida adulta também saudável. Se aprendermos a lidar com essas mudanças em uma etapa tão instável da vida, no futuro, saberemos lidar de forma mais assertiva com as questões da fase adulta.

Talvez, quando a nova adolescência chegar à sua vida adulta, dedicar-me-ei à escrita do livro "Questões da vida adulta: tudo (ou quase tudo) que um novo adolescente precisa saber". Prometo pensar com carinho nesta possibilidade.

O processo de construção deste livro foi bem nostálgico, pois me fez reviver alguns momentos da minha adolescência. Lembrei-me dos choros, gritos, berros, brigas, momentos de rebeldia, primeiro emprego, saída de casa, o início da minha faculdade... enfim! Em toda a minha história já vivida. Espero, profundamente, que você também tenha se lembrado desses momentos mágicos da sua vida.

Como está escrito na capa, este livro se propôs a trazer tudo (ou quase tudo) que você precisava saber sobre a nova adolescência. Acredito que conseguimos alcançar este objetivo. Na verdade, nós fazemos parte também da nova adolescência. É isso mesmo! Você também é um novo adolescente. Assim como a nossa criança interior que nunca se perde, nosso adolescente também não. O nosso senso de aventura, diversão, correr riscos, transgredir e explorar novas possibilidades, sempre estará presente. Jamais perca-o!

Bom, a nossa jornada se encerra aqui. Sou muito grato por você ter ficado comigo até o final. Talvez, eu tenha o provocado em alguns momentos, mas fora para o seu bem. Acredito profundamente, que agora, depois de ter lido estas páginas, você irá olhar para a nova adolescência com outros olhos.

Sou apaixonado por essa fase da vida e, por isso, espero ter passado para você um pouquinho desta paixão.

Muito obrigado, por ter se permitido vivenciar esses momentos. Um forte abraço e até a próxima oportunidade!

Bruno Wallisson Martins Santos

Psicólogo

CRP 04/52340

FIM

BIBLIOGRAFIA

ADOLESCÊNCIA, Vivendo-a. Adolescência: Fase da vida? **Faixa etária? Construção social? Afinal, o que é Adolescência?** Disponível em: <http://www.adolescencia.org.br/site-pt-br/adolescencia> Acesso em: 02 abr. 2020.

BRASIL, Organização Pan-Americana de Saúde. **América Latina e Caribe têm a segunda taxa mais alta de gravidez na adolescência no mundo**. Disponível em: <https://www.paho.org/bra/index.php?option=com_content&view=articl&d=5604:america-latina-e-caribe-tem-a-segunda-taxa-mais-alta-de-gravidez-na-adolescencia-no-mundo&Itemid=820>. Acesso em: 04 abr. 2020.

BRASIL. Constituição (1988). **Constituição da República Federativa do Brasil**: promulgada em 5 de outubro de 1988.

BRASIL. **Estatuto da Criança e do Adolescente**. Lei 8.069/90, de 13 de julho de 1990.

CAMPBELL, Joseph. **O herói de mil de faces**. Editora Pensamento; São Paulo, 1997.

DIGITAIS, Resultados. **Ranking das redes sociais**: As mais usadas no Brasil e no mundo, insights e materiais gratuitos. Disponível em: < https://resultadosdigitais.com.br/blog/redes-sociais-mais-usadas-no-brasil/>. Acesso em: 06 abr. 2020.

Dourado, Maria. Olhar Digital: **Brasil é o país que mais usa redes sociais na América Latina**. Editado por Cesar Schaeffer, 2019. Dis-

ponível em: <https://olhardigital.com.br/noticia/brasil-e-o-pais-que-mais-usa-redes-sociais-na-america-latina/87696>. Acesso em: 06 abr. 2020.

PAHO/OMS. **Accelerating progress toward the reduction of adolescent pregnancy in Latin America and the Caribbean**. Report of a technical consultation (Washington, D.C., USA, August 29-30, 2016).

PEEPI. **21 estatísticas de redes sociais em 2018 no Brasil e no Mundo.** Disponível em: <www.peepi.com.br/blog/estatisticas-redes-sociais-2018 > Acesso em: 06 abr. 2020.

SAÚDE, Organização Mundial. OMS: **1 em cada 5 adolescentes enfrenta problemas de saúde mental**. Disponível em: <https://nacoesunidas.org/oms-1-em-cada-5-adolescentes-enfrenta-problemas-de-saúde-mental >. Acesso em: 07 abr. 2020.

SCHOEN-FERREIRA, Teresa Helena; SILVARES, Edwiges Ferreira de Matos. **Adolescência através dos séculos**. Psicologia: teoria e pesquisa. Abr-jun 2010, vol. 26 n. 2, pp. 227-234.

TECHTUDO. **Conheça as redes sociais mais usadas no Brasil e no mundo em 2018**. Disponível em: <https://www.techtudo.com.br/noticias/2019/02/conheca-as-redes- sociais-mais-usadas-no-brasil-e-no-mundo-em-2018.ghtml>. Acesso em: 06 abr. 2020.

SOBRE O AUTOR

Bruno Wallisson

Psicólogo clínico inscrito no CRP/MG sob o nº 04/52340. Dedica-se desde 2017 ao estudo e atendimento de adolescentes e adultos. Atua também como Consultor Organizacional Independente. Está cursando MBA (Master of Business Administration) em Gestão Estratégica de Pessoas e se pós-graduando em Psicologia Organizacional. Também é palestrante nas horas vagas, abordando temas especialmente voltados a orientação de pais e adolescentes sobre as questões da adolescência.